ILONA DAIKER

Gelassen wie ein Buddha

Meditationen und Achtsamkeitsübungen für 52 Wochen

Sie müssen weder Buddhist noch erfahren in buddhistischen Meditationstechniken sein, um sich von diesem Tischaufsteller ein Jahr lang begleiten und anregen zu lassen. Mitbringen sollten Sie lediglich den Wunsch, wacher und achtsamer durchs Leben zu gehen, und die Bereitschaft, sich dafür etwas Zeit zu nehmen. Denn was Sie hier in den Händen halten, ist ein Jahreskurs für Einsteiger in die vielfältige Welt der Meditation, der aus 52 Übungen für die 52 Wochen des Jahres besteht.

Die Übungen sind in drei große Kategorien eingeteilt:

Meditations- und Konzentrationsübungen

Achtsamkeitsübungen für den Alltag

Übungen für den Umgang mit Gefühlen und Empfindungen

Jeweils drei aufeinanderfolgende Übungen bilden eine Übungseinheit für drei Wochen. Sie beginnt mit einer Meditations- oder Konzentrationsübung, die Sie über den gesamten Zeitraum von drei Wochen praktizieren sollten – am besten täglich. In der zweiten Woche nehmen Sie die Achtsamkeitsübung hinzu und in der dritten Woche die Übung für den Umgang mit Gefühlen. Sie lässt sich manchmal direkt mit der Meditationsübung kombinieren.

Wenn Sie schon einige Erfahrungen mit Meditation gesammelt haben, können Sie den Tischaufsteller auch als »Werkzeugkiste« benutzen und im Register nachschauen, welche Übungen oder Themen Sie gerade interessieren, oder Sie lassen sich einfach von den meditativen Bildern oder Zitaten inspirieren.

Buddhismus – der Weg der Mitte

Der buddhistische Weg ist fern von allen Extremen. Er ist nicht von Geboten oder Verboten geprägt, sondern empfiehlt uns, auf eine Art und Weise zu leben, die uns selbst sowie andere glücklich macht und möglichst wenig Leid verursacht. Dabei setzt der Buddhismus ganz auf eigene Erfahrungen und nicht auf den Glauben: »Folge nicht den Spuren der Meister. Suche, was sie gesucht haben.« So lautet ein bekannter Spruch aus dem Zen-Buddhismus. Und genau das macht den Buddhismus auch etwa 2500 Jahre nach dem Tod des historischen Buddhas so zeitgemäß und universell.

Entspannt, gelassen und wach

Wenn Sie sich von den Übungen, die Ihnen dieser Aufsteller anbietet, unterstützen und durchs Jahr begleiten lassen, werden Sie sich nach und nach besser entspannen und auch auf schwierige Alltagssituationen gelassener reagieren können. Gleichzeitig wird auch Ihre Konzentrationsfähigkeit steigen. Sie werden wacher und achtsamer durchs Leben gehen und schneller spüren, was Ihnen gut tut oder wenn Ihnen etwas zu viel wird. Und Sie werden entdecken, dass Ihre Haltung sich selbst und der Welt gegenüber viel mehr verändern kann, als Sie sich vorstellen können oder zu träumen wagen. Denn wie Buddha sagte: »Es ist dein Geist, der diese Welt erschafft.«

Meditation lässt den Geist zur Ruhe kommen

»Wenn du das trübe Wasser zur Ruhe kommen lässt, wird es klar. Wenn du deinen aufgeregten Geist zur Ruhe kommen lässt, wird deine Verhaltensweise gleichfalls klar.« So beschrieb der Buddha die Wirkung von Meditation, und darum geht es bei allen Übungen in diesem Programm. Das Ziel ist immer dasselbe: den Geist in das Hier und Jetzt zu bringen sowie Ruhe und Klarheit zu erlangen.

Die innere Haltung: Schenken Sie sich ein Lächeln!

Viele Menschen neigen sehr dazu, alles, was sie tun, den Leistungskriterien unserer Gesellschaft zu unterwerfen. Versuchen Sie, diese Haltung, mit der wir uns nicht nur das Leben, sondern auch die Meditation schwer machen, Schritt für Schritt aufzugeben. Schenken Sie sich zu Beginn jeder Übung ein inneres Lächeln, und nehmen Sie eine wohlwollende Haltung sich selbst gegenüber ein. Wenn be- oder abwertende Gedanken kommen, beobachten Sie diese einfach, ohne sie wiederum zu bewerten. Lassen Sie sie kommen und gehen. Es ist im Moment so, wie es ist, aber indem Sie solchen Gedanken keine Energie geben, verlieren diese mit der Zeit von selbst an Kraft. Sie müssen gar nichts tun, sondern sich nur Ihrer eigenen liebevollen Achtsamkeit anvertrauen.

Die äußere Haltung: aufrecht und entspannt

Eine aufrechte, gut geerdete Sitzposition lässt die Lebensenergie besser fließen und signalisiert unserem Geist, dass er in diesem Körper, seinem »Tempel«, gut aufgehoben ist und zur Ruhe kommen kann. Es muss aber keineswegs der Lotussitz sein. Folgende Sitzpositionen sind für alle, die nicht im klassischen Lotussitz sitzen können, empfehlenswert:

Der burmesische Sitz: Platzieren Sie ein Sitzkissen auf einer gefalteten, weichen Decke, und setzen Sie sich in den Schneidersitz. Wenn Ihre Knie in dieser Position nicht auf dem Boden liegen, benutzen Sie ein höheres Sitzkissen oder unterstützen Sie eines oder beide Knie mit zusätzlichen Kissen. Wichtig ist, dass sich Ihr Becken entspannt anfühlt und Ihre Lendenwirbelsäule gerade, also nicht im Hohlkreuz, ist. Experimentieren Sie mit dieser Haltung, bis Sie sich wirklich wohl fühlen und ganz bequem sitzen.

Das Meditationsbänkchen: Eine gute Alternative ist der Fersensitz mit Unterstützung durch ein Meditationsbänkchen, besonders wenn Sie Probleme mit den Hüften oder Knien haben.

Stuhl oder Hocker: Setzen Sie sich weiter nach vorne als normalerweise und stellen Sie Ihre Füße hüftbreit voneinander entfernt fest auf den Boden, sodass Sie sich wirklich stabil fühlen.

Ob Sitzkissen, Meditationsbänkchen oder Stuhl: Wenn Sie gut geerdet und stabil sitzen, können Sie Ihre Wirbelsäule entspannt aufrichten. Ziehen Sie Ihr Kinn etwas an den Hals heran, sodass sich auch die Halswirbelsäule aufrichtet und durchlässig wird. Legen Sie Ihre Hände entspannt auf Ihre Oberschenkel, die Handflächen nach oben oder unten gewandt, wie es sich für Sie besser anfühlt.

Achtsamkeit im Alltag

Achtsamkeit hat viel mit Aufmerksamkeit zu tun, ist aber noch ein bisschen mehr, nämlich eine Art von Aufmerksamkeit, derer wir uns bewusst sind. Wenn wir achtsam sind, wissen wir genau, was wir tun und wie wir dabei empfinden. Es ist die Fähigkeit, sich selbst vorbehaltlos zu beobachten und dadurch sehr viel über sich zu lernen. Oder wie Mahathera Gunarantana, ein Meditationslehrer aus Sri Lanka, sagte: »Achtsamkeit strebt nichts an. Sie sieht einfach, was bereits da ist.«

Stressbewältigung durch Achtsamkeit

Achtsamkeit im Alltag setzt bei den eigenen körperlichen Bedürfnissen und Empfindungen an und nimmt all unsere Alltagstätigkeiten, unsere Gewohnheiten und Prioritäten unter die Lupe. Letztlich geht es darum, immer weniger automatisch zu funktionieren, immer bewusster, immer entspannter zu werden und mehr Freude am Leben zu empfinden.

Kein Wunder also, dass Achtsamkeitstraining auch positive Auswirkungen auf unsere körperliche und seelische Gesundheit hat und für alle Menschen sehr heilsam ist, die unter Stresssymptomen leiden. In einer Zeit, in der alles schnell gehen soll und in der wir überflutet werden von Informationen und Reizen aller Art, ist Achtsamkeitstraining eine Medizin, die uns helfen kann, unser eigenes Tempo zu finden, wahrzunehmen, wie die Dinge auf uns wirken, und zu sortieren, was uns wichtig ist und was nicht.

Nicht das Denken, sondern das Handeln zählt!

»Unser Handeln im Alltag bestimmt, ob wir glücklich sind oder nicht«, schreibt der Dalai Lama und weist damit darauf hin, wie wichtig die vielen kleinen Dinge in unserem Alltag sind, die wir tun oder auch nicht tun. Nicht unsere Gedanken und Meinungen sind entscheidend, sondern unser Handeln, unsere Alltagspraxis. Wir können noch so viele tiefsinnige, gute Bücher von spirituellen Lehrern lesen oder stundenlang auf unserem Sitzkissen meditieren – wenn dies keine Auswirkungen auf unser Handeln zeitigt, wird sich nichts verändern an unserem Leben. Deshalb ist es so wichtig, die Praxis der Achtsamkeit in den Alltag zu integrieren.

Anfängergeist macht das Leben bunt

Das Schöne an der Achtsamkeitspraxis im Allgemeinen und ganz besonders an den Übungen für den Alltag ist, dass sie uns aus der langweiligen Alltagsroutine befreien. Sie werden nicht nur entspannter durch Achtsamkeit, sondern Sie lernen sich selbst und die Welt um sich herum neu kennen.
Nutzen Sie diese Chance, und experimentieren Sie mit den Alltagsübungen, auch wenn Ihnen manche vielleicht auf den ersten Blick seltsam oder lästig erscheinen. Verweisen Sie an solchen Stellen Ihren beurteilenden Geist in seine Schranken, denn er will Sie immer dort halten, wo er sich sicher fühlt: Neues ist ihm suspekt.
Überfordern Sie sich aber nicht. Wenn Sie kleine, konsequente Schritte machen, erreichen Sie meist mehr als mit zu großen Plänen. Und vergessen Sie nicht, sich zu loben für Ihren Mut, Neuland zu betreten.

Umgang mit schwierigen Gefühlen und Empfindungen

Manche Menschen glauben, dass buddhistische Meditationspraxis dazu führt, keine negativen Gefühlszustände mehr zu erleben. Dies ist ein großes Missverständnis: Wer sich noch diesseits der Erleuchtung befindet, wird seine Gefühle und Empfindungen gerade durch Meditation und Achtsamkeit sehr viel deutlicher wahrnehmen als zuvor. Allerdings kann Meditation dabei helfen, diesen Emotionen nicht mehr ausgeliefert zu sein und anders damit umzugehen.

Die ganze Katastrophe annehmen

Wir können aufhören, gegen problematische Empfindungen anzukämpfen und unsere Energien zu vergeuden, indem wir nicht wahrhaben wollen, was gerade vor sich geht. »Die ganze Katastrophe anzunehmen, das ist ein Teil des Prozesses des Aufwachsens zu unserem Leben«, schreibt der amerikanische Meditationslehrer und Leiter einer Anti-Stress-Klinik, Jon Kabat-Zinn, und genau darum geht es. Betrachten Sie es also nicht als Meditationshindernis, wenn Sie gerade aufgewühlt sind, sich traurig oder wütend fühlen. Versuchen Sie auch nicht, in einem solchen Zustand gelassen auf dem Kissen zu sitzen und alles wegzuatmen, was Sie stört. Im Gegenteil: Versuchen Sie, ganz genau zu erkunden, was sich da in Ihnen abspielt, und es wirklich anzunehmen, ohne sich zu kritisieren und ohne es zu bewerten oder es unmittelbar verändern zu wollen.

Sich nicht mehr identifizieren

Wenn Sie bei den Meditationen und Übungen die Technik des Benennens von Gefühlen anwenden (vgl. Übung 34) und innerlich notieren »da ist Ärger« oder »da ist Trauer«, können Sie dieses Gefühl, die damit einhergehenden Gedanken und seine Wirkungen im Körper genau unter die Lupe nehmen und dabei die Haltung des inneren Beobachters einnehmen. In diesem Moment sind Sie nicht mehr mit Ihrem Ärger verschmolzen, sondern er ist etwas, das gerade in Ihnen vor sich geht – das ist ein gewaltiger Unterschied. Durch diesen kleinen »Trick« gewinnen Sie entscheidenden Handlungsspielraum: Sie können sich anschauen, was in Ihnen passiert, und Sie können entscheiden, ob und wie Sie das Gefühl ausdrücken möchten, anstatt zum Beispiel Ihren Ärger blind auszuagieren, was in der Regel sowohl für Sie selbst als auch Ihre Umwelt eher negative Konsequenzen haben dürfte.

Positive Gefühlszustände einüben

Außerdem üben Sie beim Meditieren oder bei bestimmten Achtsamkeitsübungen positive Gefühlszustände oder Geisteshaltungen ein. Sie lernen, freundlicher mit sich selbst umzugehen. Sie entwickeln Dankbarkeit und Mitgefühl mit sich und anderen. Schwierige Situationen betrachten Sie mehr und mehr als Chancen, etwas zu lernen. Diese Ausrichtung Ihres Geistes führt mittelfristig dazu, dass unangenehme Gefühlszustände seltener auftauchen und deutlich weniger Gewicht in Ihrem Leben haben. Und wenn sie dann doch auftauchen, wissen Sie genau, dass sie bald wieder verschwinden werden, so wie nichts im Leben von Dauer ist. Oder wie Buddha es ausdrückte:
»Alles ist im Wandel, alles vergeht.«

1 Im eigenen Körper ankommen

Kurzer Bodyscan

Nur allzu oft sind wir so sehr in Gedanken, dass wir unseren Körper gar nicht spüren und ihn erst dann wahrnehmen, wenn er sich durch Unwohlsein oder Schmerzen bemerkbar macht. Der Bodyscan bringt uns auf einfache Weise in Kontakt mit unserem Körper und damit ins Hier und Jetzt.

Legen Sie sich auf den Rücken, je nach Bedarf mit oder ohne Kissen oder Decke. Schließen Sie die Augen, atmen Sie ruhig, und werden Sie sich der Auflagepunkte Ihres Körpers bewusst.
Gehen Sie mit Ihrer Aufmerksamkeit zu Ihrem rechten Fuß. Wie fühlt sich die Ferse an, wie das Fußgelenk? Nehmen Sie alles wahr, ohne es zu bewerten, und gehen Sie ganz langsam über die Wade, das Kniegelenk hoch bis zur Hüfte, dann das gleiche mit dem linken Bein. Wenn Sie wieder bei der Hüfte angelangt sind, spüren Sie erst in Ihren Unterleib, danach in den Bauch und die Brustregion hinein. Verfolgen Sie die Wirbelsäule am Rücken von unten bis oben, spüren Sie danach auch in Ihre Arme, Hände und Finger. Gehen Sie zum Schluss zu Ihrem Kopf. Nehmen Sie Spannungen, Kribbeln, Wärme oder Kälte wahr? Was auch immer es sei, nehmen Sie es liebevoll an, und schenken Sie sich ein inneres Lächeln. Bevor Sie die Übung beenden, spüren Sie noch einmal Ihren Körper als Ganzes.

Nehmen Sie sich für diese Übung täglich etwa 15 Minuten Zeit. Je öfter Sie den Bodyscan machen, desto feiner wird Ihre Wahrnehmung.

Unser Körper ist ein kostbares Geschenk, wir sollten ihn sorgsam pflegen. Denn er ist der Ort unseres Erwachens und unserer Erleuchtung.

JATAKA

1

2

Kleines Duschritual

Achtsam den Tag beginnen

Duschen Sie morgens? Dann ist es eine hervorragende, zeitsparende Möglichkeit, daraus ein kleines Achtsamkeitsritual zu machen und die körperliche mit der seelischen Reinigung zu verbinden.

Normalerweise hängen Sie beim Duschen wahrscheinlich noch Ihren nächtlichen Träumen nach, oder es gehen Ihnen bereits Gedanken an den vor Ihnen liegenden Tag durch den Kopf. Vielleicht planen Sie sogar schon detailliert Ihre Aufgaben für die nächsten Stunden.

Probieren Sie es einmal anders: Nehmen Sie jede Kleinigkeit beim Duschen wahr. Wie fühlt sich die Armatur an? Was passiert mit Ihrer Haut, wenn das Wasser sie mit weichem oder hartem Strahl trifft? Welchen Körperpartien tut es besonders gut? Ist Ihnen warm, wenn Sie das Wasser zwischendurch abdrehen, um sich einzuseifen, oder frösteln Sie? Massieren Sie sich sanft mit dem Duschgel, und werden Sie sich bewusst, wie Ihr Körper sich anfühlt. Nutzen Sie die Gelegenheit, Ja zu ihm zu sagen und ihn liebevoll zu pflegen, anstatt ihn nur automatisch und unbewusst zu waschen. Beenden Sie das kleine Morgenritual, indem Sie sich ebenso achtsam abtrocknen und vielleicht noch eincremen.

Wenn Sie lieber abends als morgens duschen, dann machen Sie ein Abendritual daraus, und praktizieren Sie es in den nächsten beiden Wochen regelmäßig. Auch ein Bad lässt sich in derselben Weise zum Achtsamkeitsritual machen.

2

Achtsam zu sein, bedeutet, wach zu sein. Es bedeutet, zu wissen, was wir tun.

JON KABAT-ZINN

3 Dankbar sein

Mit Dankbarkeit gegen Unzufriedenheit

Wir alle kennen diese Momente oder auch Tage, in denen unser Leben nur aus Mängeln zu bestehen und nichts zu funktionieren scheint. Dabei ist das Leben voller Geschenke, die wir oft als selbstverständlich hinnehmen und nicht wertschätzen. In solchen Zeiten wirkt eine Dankbarkeitsliste Wunder.

Setzen oder legen Sie sich bequem hin, und atmen Sie tief ein und aus. Wenn Sie mögen, legen Sie eine Hand auf Ihre Herzregion – als Zeichen dafür, dass Sie Ihr Herz öffnen wollen. Lassen Sie jetzt wirklich Ihr Herz sprechen und nicht Ihren Kopf, denn es geht nicht darum, nach moralischen Maßstäben zu beurteilen, wofür Sie dankbar sein sollten. Das führt womöglich nur zu Schuldgefühlen. Bei welchen Gedanken oder Erinnerungen wird Ihnen warm ums Herz? Für welche Menschen, Umstände, eigene Fähigkeiten und Talente können Sie dankbar sein?

Wenn Sie sich dazu bereit fühlen, listen Sie auf, welche Gründe für Dankbarkeit es in Ihrem Leben gibt. Nennen Sie mindestens zwanzig Gründe.

Sie können Ihre Dankbarkeit bestimmten Menschen gegenüber auch direkt zum Ausdruck bringen. Das kann die Wirkung der Übung noch verstärken.

Lesen Sie diese Liste in den nächsten Tagen täglich, und spüren Sie, wie reich Ihr Leben ist. Sicher fällt Ihnen dann sogar noch mehr ein: Ergänzen Sie die Liste ruhig, wann immer Ihnen neue dankenswerte Aspekte Ihres Lebens bewusst werden.

3

Dankbarkeit ist eine äußerst wichtige spirituelle Quelle, die wir entwickeln können.

GODWIN SAMARARATNE

4 Ein – aus

Einfache Atemmeditation

In unserem Atem spiegelt sich unser seelisches und körperliches Befinden wider, auch wenn wir ihn oft nicht bewusst wahrnehmen und nur automatisch Luft holen. Die Konzentration auf den Atem ist eine Grundübung, die uns hilft, bei uns selbst sowie im Hier und Jetzt anzukommen.

Nehmen Sie eine Sitzposition Ihrer Wahl ein. Schließen Sie die Augen oder richten Sie Ihren Blick etwa einen halben Meter vor sich auf den Boden und atmen Sie ganz natürlich.

Konzentrieren Sie sich ganz auf Ihren Atem, ohne ihn zu beeinflussen. Ein Atemzug ist länger und tiefer, ein anderer kürzer und oberflächlicher. Beginnen Sie dann, den Atemvorgang zu benennen: Sagen Sie innerlich »ein«, wenn Sie einatmen, und »aus«, wenn Sie ausatmen. Folgen Sie dabei Ihrem Atem und seinem Rhythmus. Sie benennen lediglich die Ein- und die Ausatmung, die ganz von selbst erfolgt. Falls Ihr Geist auf Reisen geht, was er sicher immer wieder tun wird, dann holen Sie ihn sanft, aber bestimmt zurück zur Atmung: ein – aus.

Beobachten Sie, wie sich Ihre Atmung ohne Ihr aktives Zutun verändert, wie sie ruhiger und entspannter wird, und beenden Sie die Übung mit ein paar bewussten, tiefen Atemzügen.

Steigern Sie die Dauer dieser Meditation langsam von 5 auf 15 Minuten. Sie werden merken, wie sehr diese Übung hilft, bei sich anzukommen – auch an stressigen Tagen.

4

Achtsamkeit strebt nichts an. Sie sieht einfach, was bereits da ist.

MAHATHERA GUNARANTANA

5

Sei da, wo du bist

Bewusst im Hier und Jetzt sein

Nur all zu oft sind wir in Gedanken ganz woanders als bei unserer momentanen Tätigkeit. Wir gehen spazieren, hängen dabei Erinnerungen an den vergangenen Arbeitstag nach und verpassen so die Chance, den Spaziergang zu einem nährenden Erlebnis zu machen.

Nehmen Sie sich täglich etwas vor, dem Sie besondere Achtsamkeit schenken wollen, und üben Sie sich so darin, immer öfter die Qualität des Hier und Jetzt zu spüren. Das kann ein kleiner Spaziergang im Park sein, Sie können sich aber auch ins Café setzen und ganz bewusst Ihren Cappuccino genießen.
Egal ob Sie schwimmen gehen, sich auf Ihren Balkon setzen, die Blumen betrachten oder auf dem Sofa Musik hören: Wichtig ist bei dieser Übung einzig und allein, dass Sie dem, was Sie tun, Ihre volle Aufmerksamkeit schenken und wahrnehmen, wie es Ihnen dabei geht.
Lassen Sie sich aber nicht von den Gedanken darüber, wie es Ihnen geht, davontragen. Registrieren Sie nur, was in Ihrem Körper vor sich geht, welche Gefühle und Gedanken in Ihnen hochkommen, und kehren Sie dann wieder zurück zum Hier und Jetzt.

Überlegen Sie sich jeden Tag gleich morgens, welcher Tätigkeit Sie heute Ihre besondere Aufmerksamkeit widmen könnten. Nehmen Sie sich nichts zu Großes vor, aber gönnen Sie sich diese Zeit für sich.

5

Wir alle möchten unser Leben so vollständig wie möglich leben. Deshalb müssen wir lernen, dort zu sein, wo das Leben stattfindet, nämlich genau hier, jetzt. FRED VON ALLMEN

6 Was ist mir wirklich wichtig?

Überforderung und Trägheit überwinden

Würden Sie gerne meditieren oder joggen, können sich aber einfach nicht aufraffen, es auch wirklich regelmäßig zu tun, weil so viel anderes drängt und Sie keine Energie mehr übrig haben? Wenn Sie das stört, dann überprüfen Sie mit dieser Übung Ihre Prioritäten.

Machen Sie eine Liste Ihrer momentanen Tätigkeiten und der Aktivitäten, die Ihnen wichtig sind. Schreiben Sie zunächst alles auf, was Ihnen in den Sinn kommt.

Danach vergeben Sie Punkte von 1 bis 10 für den Stellenwert der jeweiligen Sache. Seien Sie dabei ehrlich und realistisch. Wenn bei einer langen Liste überall 10 steht, kann das natürlich nicht gut gehen.

Überlegen Sie genau, was für Sie wirklich zählt und weshalb es Ihnen wichtig ist. Streichen Sie dann die Tätigkeiten von Ihrer Liste, die Sie letztlich nur davon abhalten, sich den anderen wirklich und mit Konsequenz zu widmen. Es liegt in Ihren Händen, wofür Sie sich entscheiden. Lassen Sie dabei nicht nur Ihren Verstand, sondern auch Ihr Herz sprechen.

Haben Sie keine Angst vor einer falschen Entscheidung. Änderungen sind immer möglich, aber Halbherzigkeiten führen uns nie weiter.

Nehmen Sie sich die Liste in dieser Woche immer wieder vor, erinnern Sie sich damit an Ihre Prioritäten, und überprüfen Sie diese zwischendurch auch.

6

Heute ist der erste Tag vom Rest meines Lebens.
Was soll ich damit anfangen?

AYYA KHEMA

7

Päckchen packen

Vorbereitung auf die Meditation

Sie würden gerne meditieren, aber es gehen Ihnen so viele Dinge durch den Kopf – die Arbeit, die Kinder, was Sie heute getan und noch nicht getan haben, der ganz normale Wahnsinn also. Mit der folgenden Übung können Sie Ihren unruhigen Geist zumindest für gewisse Zeit überlisten.

Begeben Sie sich in eine Sitzhaltung Ihrer Wahl, und schließen Sie die Augen. Was geht Ihnen alles durch den Kopf? Gibt es Dinge, die Sie keinesfalls vergessen und denen Sie sich nach der Meditation wieder widmen möchten?

Wählen Sie die wichtigsten Dinge oder Themen aus und beginnen Sie in Gedanken, sie sorgfältig zu verpacken. Welche Art von Verpackung ist notwendig? Eine hübsche Geschenkverpackung oder ein stabiler Leinensack? Wie fest muss das Päckchen verschnürt werden, und wo wollen Sie es lagern? Wollen Sie es lieber dicht bei sich behalten, oder haben Sie den Eindruck, dass Sie es im Keller platzieren und sicherheitshalber auch noch die Kellertür verschließen sollten? Folgen Sie ganz Ihrer Intuition. Wenn Sie das Gefühl haben, dass alles gut untergebracht ist, richten Sie Ihre Aufmerksamkeit auf Ihren Atem, und genießen Sie das Gefühl der Freiheit und Unbeschwertheit, das Sie mit dieser kleinen Übung erreicht haben.

Packen Sie täglich 10 bis 15 Minuten lang Päckchen – entweder als eigenständige kleine Übung, wenn Sie sich im Stress Luft verschaffen müssen, oder als Vorübung für eine Meditation.

7

Lerne loszulassen, das ist der Schlüssel zum Glück.

DALAI LAMA

8 Heute einmal anders

Gewohnheiten überprüfen

Gewohnheiten und Rituale helfen, den Alltag zu strukturieren und Dinge nicht zu vergessen. Um wacher und aufmerksamer zu werden, sollten wir die eingefahrenen Bahnen jedoch ab und zu bewusst durchbrechen.

Vor dem Zähneputzen schalten Sie immer denselben Radiosender an, Sie haben Ihren Stammplatz am Küchentisch, für den besten Weg zum Bus oder zur Arbeit haben Sie sich schon lange entschieden, und wo Sie einkaufen, ist auch klar. Wie wär's mit etwas Abwechslung?
Durchforsten Sie Ihren Alltag nach festen Gewohnheiten – Sie werden erstaunt sein, wie viele es sind –, und überlegen Sie dann, was Sie heute anders machen wollen. Das mag Ihnen vielleicht albern erscheinen, doch es ist eine wunderbar einfache Möglichkeit, im Kleinen neue Wege zu erproben, andere Erfahrungen zu machen und dabei ganz spielerisch zu überprüfen, ob die alten Gewohnheiten wirklich noch sinnvoll sind. Probieren Sie es erst für sich allein, vielleicht möchten Sie aber auch Ihren Partner oder Freunde miteinbeziehen und gewohnte Beziehungsmuster durchbrechen.
Es geht nicht darum, Abläufe zu optimieren, sondern vielmehr, flexibler und wacher zu werden.

Nehmen Sie sich zwei Wochen lang jeden Tag mindestens eine Sache vor, die Sie anders machen wollen – ohne zu bewerten oder nach guten oder schlechten Gewohnheiten zu sortieren, sondern spielerisch und neugierig.

8

Es gibt nur eine falsche Sicht der Dinge: *der Glaube, meine Sicht sei die einzig richtige.*

NAGARJUNA

9 Angenehm oder unangenehm?

Unbewusste Reaktionen bewusst machen

Unser Handeln wird in hohem Maße davon bestimmt, ob wir etwas angenehm oder unangenehm finden – meist ohne dass wir dies merken. Je achtsamer wir sind, und je bewusster wir uns wahrnehmen, desto freier können wir über unsere Reaktionen entscheiden.

Suchen Sie sich ein bestimmtes Übungsfeld – sei es der Weg zur Arbeit, das Spielen mit den Kindern, das Einkaufen, die Zubereitung einer Mahlzeit oder ein berufliches Meeting –, und richten Sie Ihre Aufmerksamkeit bewusst darauf, was Sie als angenehm oder unangenehm empfinden. Versuchen Sie, möglichst genau wahrzunehmen, wie Sie körperlich oder emotional reagieren und was das zur Folge hat.

Nehmen Sie sich möglichst bald danach Zeit, dem nachzuspüren und alles aufzuschreiben, was Ihnen aufgefallen ist. Gibt es ein bestimmtes Reaktionsmuster, das sich durchzieht? Hatten Sie mehr positive oder mehr negative Erfahrungen? Antworten Sie mit Widerstand auf unangenehme Erlebnisse, erdulden Sie sie, oder versuchen Sie, etwas zu verändern? Und bei den angenehmen Erfahrungen: Möchten Sie sie festhalten, mit anderen teilen, so intensiv wie möglich genießen? Nehmen Sie einfach nur neugierig wahr, was ist.

Ziehen Sie keine voreiligen Schlüsse aus dieser Übung, sondern wiederholen Sie sie eine Woche lang täglich. So lernen Sie sich besser kennen.

9

Wirkliches Verständnis erlangen wir dadurch, dass wir mit Achtsamkeit aus unseren eigenen Erfahrungen lernen.

MARIE MANNSCHATZ

10 Eins, zwei, drei ...

Konzentrieren durch Zählen

Diese Übung aus der Tradition des Zen-Buddhismus eignet sich sehr gut dafür, den Geist zu fokussieren, wenn sich die Gedanken überschlagen und uns daran hindern, uns zu konzentrieren oder zur Ruhe zu kommen.

Nehmen Sie eine aufrechte Sitzposition ein. Spüren Sie Ihre Berührungspunkte mit dem Boden, Kissen oder Bänkchen, auf dem Sie sitzen. Verwurzeln Sie sich gut nach unten, und wachsen Sie gleichzeitig mit der Wirbelsäule nach oben.

Richten Sie Ihre Aufmerksamkeit auf Ihren Atem: Ist er tief oder eher oberflächlich? Wo spüren Sie ihn am meisten – in der Nase, im Brustraum oder im Bauch? Lassen Sie ihn frei fließen, und beeinflussen Sie ihn nicht, wenn Sie damit beginnen, Ihre Atemzüge zu zählen, und zwar bei jedem Einatmen. Wenn Sie bei zehn angelangt sind, beginnen Sie wieder von vorne. Das klingt einfacher als es ist, denn wahrscheinlich werden Sie sich immer wieder dabei ertappen, wie Sie schon bei zwölf oder dreizehn angelangt sind. Oft erscheint es unserem Geist nämlich zu langweilig, nur zu zählen, und er ist nicht wirklich bei der Sache. Machen Sie sich nichts daraus, beurteilen Sie sich nicht, sondern gehen Sie einfach wieder sanft zurück zum Zählen. Eins, zwei, drei ...

Führen Sie diese Übung möglichst täglich etwa 10 Minuten lang durch, und freuen Sie sich an Ihrer wachsenden Konzentrationsfähigkeit.

Lerne den Augenblick zu ergreifen! Sammle deinen Geist dort, wo du bist, mit einem für den Augenblick geschärften Bewusstsein.

DRUKPA RINPOCHE

10

11 *Immer mit der Ruhe*

Entschleunigung gegen den Alltagsstress

Gehören Sie auch zu den Zeitgenossen, die meist im Laufschritt unterwegs sind und sich förmlich selbst überholen? In unserer Gesellschaft ist Tempo gefragt, doch oft ist es effektiver und gesünder, die Dinge langsamer und achtsamer zu erledigen.

Bei der Entschleunigung geht es darum, sich Pausen zum Durchatmen zu gönnen und beim Erledigen von Aufgaben das Tempo so zu drosseln, dass wir konzentriert und mit Freude bei der Sache sein können.

Wer schon morgens den Weg zum Bus so knapp kalkuliert, dass er ihn nur keuchend erreicht, begibt sich in einen Teufelkreis, aus dem er vielleicht den ganzen Tag nicht mehr herauskommt. In dem Fall heißt es: Timing überprüfen und – ganz wichtig – Pufferzeiten einplanen. Wenn Sie sich einer Aufgabe widmen, versuchen Sie, sich wirklich nur darauf zu konzentrieren und sie achtsam auszuführen. Immer wenn Sie merken, dass Sie in Gedanken ganz woanders sind oder dass Sie sich verspannt haben, atmen Sie einige Male ganz bewusst ein und aus, schließen für einen Moment die Augen und kommen in der Gegenwart an. Betrachten Sie es als eine Art Respekt für sich selbst, wenn Sie sich auf diese Weise von dem unwürdigen Gefühl des Gehetztseins befreien.

Entschleunigung ist eine Zauberformel, die Sie am besten jederzeit anwenden, nicht nur einmal am Tag. Denn was Sie tun, werden Sie besser, weil achtsamer erledigen.

Wenn du es eilig hast, mache einen Umweg.

AUS DEM ZEN-BUDDHISMUS

12 Sich Zeit geben

Mit Ungeduld umgehen

Gehören Sie auch zu den Menschen, die einen ausgeprägten Unruhegeist in sich tragen, denen immer alles zu langsam geht? Unruhe ist eines der großen Hindernisse beim Meditieren. Aber auch im alltäglichen Leben tun wir gut daran, uns in Geduld zu üben.

Obwohl einige wohltuende Wirkungen der Meditation sehr bald eintreten können, ist es mit ein paar Mal sitzen nicht getan. Wer eingefahrene Muster verändern möchte, braucht Geduld. **Wenn Ihr Unruhegeist** Sie bei der Meditation immer wieder einholt, ist es gut, sich aktiv mit ihm zu beschäftigen. Begrüßen Sie ihn, wenn er beim nächsten Mal auftaucht, und fragen Sie ihn, was er braucht. Sehr oft geht Unruhe mit einer gewissen Unentschiedenheit einher, und vielleicht sagt er Ihnen, dass er der Sache nicht traut und nicht weiß, weshalb Sie ihm diese (Herum-)sitzerei zumuten. Übergehen Sie diesen Punkt nicht, denn wenn Sie sich nicht sicher sind, ob Sie das, was Sie gerade tun – und das gilt für alles im Leben – auch wirklich tun wollen, brauchen Sie sich nicht zu wundern, wenn Ungeduld auftritt. Haben Sie ein klares Ja zur Meditation und zu Ihren Anfängerschwierigkeiten? Dann lächeln Sie dem Unruhegeist zu, und machen Sie weiter.

Nehmen Sie sich täglich 15 Minuten Zeit für diese Übung. Für Bewegungsmenschen und solche, die sowieso schon zu viel sitzen müssen, sei neben der Sitz- auch die Gehmeditation empfohlen (siehe Übung 16 und 17).

12

Ruhe bringt Gleichgewicht und Leichtigkeit.
Gleichgewicht und Leichtigkeit bringen inneren Frieden und Gelassenheit.

TSCHUANG-TSE

13

Schenken Sie sich ein Lächeln

Sich selbst liebevoll annehmen

Es ist wichtig, sich selbst kritisch betrachten zu können. Noch viel wichtiger ist es indes, sich selbst zu lieben und zu achten. Ihr Geist kann nur zur Ruhe kommen, wenn Sie Zuneigung und Mitgefühl für sich selbst empfinden. Deshalb ist es ein wichtiger Teil der Meditation, dies zu kultivieren.

Setzen oder legen Sie sich bequem hin. Richten Sie sich so ein, dass Sie sich wirklich wohl fühlen. Schließen Sie die Augen, atmen Sie ganz natürlich, und ziehen Sie Ihre Mundwinkel leicht nach oben, sodass ein Lächeln auf Ihrem Gesicht entsteht, an dem auch die Augen beteiligt sind.
Gehen Sie mit Ihrer Aufmerksamkeit langsam von unten nach oben durch Ihren Körper. Spüren Sie Ihre Beine, Ihr Gesäß, die Berührungspunkte mit dem Boden. Spüren Sie, wo Sie sich in Ihrem Körper wohl fühlen und wo vielleicht Spannungen oder gar Schmerzen sitzen. Was auch immer da ist: Lächeln Sie sich innerlich liebevoll zu. So, wie Sie in diesem Moment sind, ist es okay. Sie müssen nichts leisten, nichts verändern. Es reicht, einfach nur da zu sein. Leiten Sie das innere Lächeln durch Ihren ganzen Körper, und füllen Sie ihn ganz aus mit Ihrer eigenen Zuneigung und Herzenswärme. Genießen Sie diesen Zustand des Angenommenwerdens, und nehmen Sie ihn mit in Ihren Alltag.

Nehmen Sie sich für diese Übung täglich etwa 10 Minuten Zeit, und dehnen Sie sie aus, wenn Sie sich gerne länger in Ihrer eigenen Herzenswärme aufhalten möchten.

13

Alle spirituellen Methoden sind nur Mittel, um Gewahrsein, Herzenswärme und Mitgefühl auf dem Weg zu entwickeln. Das ist alles.

JACK KORNFIELD

14 Der Körper hat immer Recht

Achtsamkeit für die körperlichen Bedürfnisse

Die Fähigkeit, seine Bedürfnisse aufzuschieben, ist nützlich und zeichnet einen erwachsenen Menschen aus. Die meisten von uns tun jedoch zu viel des Guten und gewöhnen sich sogar an, ihre Bedürfnisse gar nicht mehr wahrzunehmen und unnötig oft zu übergehen.

Kennen Sie das Gefühl, dass Sie schon ganz unruhig und gereizt sind, weil Sie nicht darauf geachtet haben, dass Sie Druck auf der Blase oder ein riesiges Loch im Magen haben? Dann wissen Sie, dass die Missachtung körperlicher Grundbedürfnisse auch das emotionale Gleichgewicht stört – und dies häufig ganz ohne Not.
Nehmen Sie sich im Alltag immer wieder ganz bewusst Zeit, darauf zu achten, was Ihr Körper benötigt. Spüren Sie in sich hinein, und fragen Sie sich: Ist Ihnen zu warm oder zu kalt? Sitzen oder stehen Sie gut? Ist Ihnen dringend danach, sich zu bewegen? Haben Sie Hunger oder Durst? Sind Sie müde und brauchen wenigstens eine kleine Pause? Was auch immer es ist, versuchen Sie, das Bedürfnis zu erfüllen und sich um sich selbst so zu kümmern, wie Sie das auch mit einem Kind tun würden. So können Sie reagieren, bevor Sie sich wirklich unwohl fühlen.

Bei dieser Übung geht es um Work-Life-Balance im Kleinen. Führen Sie sie möglichst mehrmals täglich durch. Dann kann sie durchaus große, nämlich sehr wohltuende, entspannende Wirkungen haben.

14

Verantwortlich ist man nicht nur für das, was man tut, sondern auch für das, was man nicht tut.

LAOZI

15 *Selbstvertrauen entwickeln*

Selbstzweifel und Ängste abbauen

Meditation konfrontiert uns auch mit Gefühlen, die wir manchmal lieber nicht hätten. Doch dadurch bietet sich eine Chance, unangenehme Gefühle zu bearbeiten und daran zu wachsen.

Auch wenn Sie beim Meditieren versuchen, sich selbst liebevoll anzunehmen (vgl. Übung 13) kann es sein, dass Sie immer wieder auf Ängste und Selbstzweifel stoßen.

Spüren Sie während der Meditation genau, was in Ihrem Körper passiert und wie sich diese Gedanken und Gefühle auswirken, um sie möglichst gut kennenzulernen. Notieren Sie danach in Ihrem Tagebuch, welche Ängste oder Selbstzweifel Sie plagen und was im schlimmsten Fall passieren könnte. Schon dies entschärft meist die Dramatik der Gefühle. Schreiben Sie dann eine Erfolgsliste, in der Sie festhalten, was gut läuft in Ihrem Leben und welche Fähigkeiten Sie besitzen, um auch schwierige Situationen zu meistern. Erinnern Sie sich an solche Situationen: Wie hat es sich angefühlt? Was hat Ihr Selbstvertrauen gestärkt? Werfen Sie, getragen von diesem Gefühl, noch einmal einen Blick auf die Liste der Ängste und Selbstzweifel. Wahrscheinlich sind sie nicht verschwunden, aber vielleicht können Sie sie mit etwas Distanz und einer Prise Humor betrachten.

Praktizieren Sie diese Übung eine Woche lang – auch wenn es Ihnen im Prinzip gut geht. Denn dann fällt Sie Ihnen leichter, wenn Sie in einer Krise stecken.

15

Urteile nicht hart über dich selbst. Ohne Erbarmen mit uns selbst sind wir außerstande, die Welt zu lieben.

BUDDHA

16 Stille in Bewegung

Einfache Zwei-Phasen-Gehmeditation

Sie müssen den ganzen Tag sitzen oder fühlen sich zu unruhig für eine Übung im Sitzen? Dann ist die Gehmeditation eine wunderbare Alternative zur sitzenden Meditation, um in einen ruhigen, konzentrierten Zustand zu gelangen.

Suchen Sie sich innerhalb Ihrer Wohnung eine gerade Strecke aus, auf der Sie unbehindert etwa 20 kleine Schritte auf und ab gehen können. Am besten gehen Sie barfuß oder auf Socken, damit Sie den Boden deutlich spüren können.

Stehen Sie mit hüftbreit voneinander entfernten Füßen aufrecht und locker in den Knien. Die Arme hängen entspannt an den Seiten oder Sie verschränken Ihre Hände und halten Sie vor dem Oberbauch. Ihr Blick ist leicht nach unten gerichtet. Verlagern Sie nach einigen ruhigen Atemzügen Ihr Gewicht auf ein Bein, heben Sie das andere langsam vom Boden ab, und notieren dabei im Geist »heben«. Setzen Sie den Fuß dann langsam etwas weiter vorne wieder ab, und sagen Sie sich dabei »aufsetzen«. Gehen Sie auf diese langsame, bewusste Art bis ans Ende Ihrer Gehstrecke, drehen Sie sich um, und bleiben Sie einen kurzen Moment stehen, bevor Sie wieder losgehen. Geben Sie Ihre ganze Aufmerksamkeit in den Vorgang des Gehens.

Nehmen Sie sich für diese Übung täglich 10 bis 15 Minuten Zeit. Wenn Sie die Arme vor oder auch hinter dem Körper verschränken, achten Sie darauf, in den Schultern locker zu bleiben.

Friedliche und entspannte Schritte auf dieser Erde zu machen, das ist ein Wunder.

THICH NHAT HANH

17 Der Weg ist das Ziel

Achtsames Gehen im Arbeitsalltag

Neben dem Achtsamkeitswecker (siehe Übung 47) ist das achtsame Gehen eine wunderbare Möglichkeit, zwischendurch innezuhalten, durchzuatmen und sich selbst zu spüren.

Gibt es bei Ihrer Arbeit bestimmte Strecken, die Sie regelmäßig gehen? Den Weg zum Kopierer, zur Toilette, zum Besprechungszimmer, zum Empfang, zu einem Kollegen am anderen Ende des Ganges? Dann können Sie diesen Weg zu einer kleinen Achtsamkeitsübung machen.
Im Grunde ist das achtsame Gehen im Alltag eine schnellere Form der Gehmeditation (siehe Übung 16). Stehen Sie bewusst auf, atmen Sie ruhig ein und aus, fühlen Sie den Kontakt der Füße mit dem Boden, und gehen Sie los, Schritt für Schritt. Kein anderer muss merken, dass Sie eine Übung machen. Sie gehen einfach etwas langsamer als sonst und konzentrieren sich währenddessen allein auf das Gehen. Am Anfang werden Sie sich dabei wahrscheinlich etwas komisch vorkommen, aber experimentieren Sie einfach spielerisch damit. Sie werden feststellen, dass auch so kleine, aber regelmäßige Unterbrechungen dabei helfen, aus der Hektik des Alltags auszusteigen, ruhiger, entspannter und auch konzentrierter zu werden.

Machen Sie diese Übung täglich am besten mehrmals, natürlich auch zu Hause. Hilfreich ist es, immer wieder dieselbe Strecke zu benutzen, weil es Ihnen dann leichter fallen wird, daran zu denken.

Jeder Moment von Achtsamkeit ist eine Bekräftigung für das Leben. Jeder Moment von Achtsamkeit zählt.

JACK KORNFIELD

18 Viele gute Lehrer

Schwierige Situationen annehmen

Die Tibeter bitten traditionell darum, dass ihnen das Leben das Maß an Schwierigkeiten schenken möge, das sie bewältigen können, um daran zu wachsen – eine weise Bitte.

Obwohl es uns vielleicht manchmal so vorkommt, als ob gerade uns besonders viele Steine in den Weg gelegt werden, und die meisten anderen Menschen es viel leichter haben als wir, beruht diese Sichtweise auf Täuschung und nährt nur unser Selbstmitleid.

Hilfreicher ist die Haltung, dass alles, was uns im Leben begegnet, den Sinn hat, uns zu fordern und unsere Möglichkeiten zu entwickeln. Das ist nicht einfach und schon gar nicht bequem, aber es hat den ungeheuren Vorteil, dass Sie Ihre Energie nicht an inneren Widerstand gegen schwierige Situationen vergeuden, sondern sie ganz dafür einsetzen können, diese zu meistern.

Notieren Sie in Ihrem Tagebuch, welche Menschen und Situationen Ihnen derzeit das Leben schwer machen. Beschreiben Sie, wie sie das tun und welche Fähigkeiten von Ihnen gefordert werden, um damit zurechtzukommen. Identifizieren Sie Ihre derzeit wichtigsten »Lehrer«, und stärken Sie Ihr Selbstvertrauen, indem Sie sich klar machen, was Sie schon alles gelernt haben in diesem Leben.

Vertrauen Sie darauf, dass das Leben Ihnen nur solche Aufgaben stellt, die Sie bewältigen können. Wenn Sie die Übung ein Woche lang täglich durchführen, bekommen Sie davon eine Ahnung.

18

Wenn man alles, was einem begegnet, als Möglichkeit zu innerem Wachstum ansieht, gewinnt man innere Stärke.

MILAREPA

19 Wie der Atem fließt

Auf die Atembewegungen konzentrieren

Bei dieser Variante der einfachen Atemmeditation (siehe Übung 4) wird die Konzentration stärker auf bestimmte körperliche Vorgänge beim Atmen gelenkt. Das hilft, den unruhigen Geist zu fokussieren.

Nehmen Sie eine Sitzposition Ihrer Wahl ein. Schließen Sie die Augen oder richten Sie Ihren Blick etwa einen halben Meter vor sich auf den Boden. Atmen Sie ganz natürlich.

Beobachten Sie, wo Sie im Körper Ihren Atem wahrnehmen, ohne ihn zu beeinflussen. Ist es das Heben und Senken der Bauchdecke oder spüren Sie das Ein- und Ausströmen der Luft in der Nase deutlicher? Wechseln Sie einige Male zwischen den beiden Stellen hin und her, und bleiben Sie dann mit Ihrer Aufmerksamkeit dort, wo Sie den Atem besser wahrnehmen können oder sich wohler fühlen. Lassen Sie die Atmung fließen, und beobachten Sie ganz genau den Vorgang des Hebens und Senkens oder des Ein- und Ausströmens. Wenn es Ihnen dabei hilft, nicht abzuschweifen, können Sie ihn auch innerlich benennen.

Und wie immer beim Meditieren: Der Geist folgt seinem Objekt, er bleibt ganz in der Gegenwart, nimmt wahr, was ist, und treibt den Atem weder an, noch beeinflusst er ihn in anderer Weise.

Steigern Sie die Dauer dieser Meditation langsam von 5 auf 15 Minuten. Wechseln Sie nicht zwischen Bauchdecke und Nase hin und her. Der Übungseffekt ist deutlich stärker, wenn Sie sich auf eine Variante konzentrieren.

19

Wir versuchen, uns die Dinge zurechtzulegen und dem Geschehen immer einen Schritt voraus zu sein, statt zu spüren, wie die Dinge wirklich sind.

JON KABAT-ZINN

20 Eins nach dem anderen

Tätigkeiten bewusst beginnen und beenden

Manche behaupten mit einem gewissen Stolz von sich, mehrere Dinge gleichzeitig erledigen zu können. Doch im Sinne des Buddhismus sollten Sie stolz auf sich sein, wenn Sie es schaffen, sich einer einzigen Sache ganz bewusst zu widmen.

An Tagen, an denen viel zu tun ist, ist es hilfreich, sich aufzuschreiben, was Sie in welcher Reihenfolge erledigen möchten. Auf diese Weise fokussieren und entlasten Sie Ihren Geist, der sonst wie ein Affe von Ast zu Ast turnt.
Beginnen Sie jede Tätigkeit ganz bewusst, konzentrieren Sie sich ganz darauf, und beenden Sie sie ebenso bewusst. Je mehr Sie in Gedanken schon bei der nächsten Sache sind, desto höher ist Ihr Stresspegel, und die Gefahr steigt, dass Sie unnötige Fehler machen – die Sie letztlich Zeit kosten. Außerdem zeugt es von einer respektlosen Haltung sich selbst und den Mitmenschen gegenüber, wenn Sie beispielsweise gleichzeitig telefonieren, Ihre E-Mails lesen und nebenbei noch in Ihrer Tasche kramen.
Achten Sie zwischendurch und vor allem, bevor Sie mit einer neuen Aufgabe beginnen, auf Ihr körperliches Befinden und Ihren Atem. Wenn Sie bemerken, dass Sie sich verspannt haben, lassen Sie ganz bewusst los, und atmen Sie tief durch.

Auch wenn es gerade stressig ist: Üben Sie diese Aufgabe zwei Wochen lang täglich ganz konsequent. Sie werden sehen, dass Sie mit sich und der Welt viel besser in Einklang leben.

20

Wenn ich gehe, gehe ich. Wenn ich sitze, sitze ich.
Und wenn ich esse, esse ich.

AUS DEM ZEN-BUDDHISMUS

21 Nichts bleibt, wie es ist

Das Auf und Ab des Lebens akzeptieren

Wenn wir uns in schwierigen Lebenssituationen befinden, empfinden wir dies manchmal als persönliche Kränkung und sehen keinen Ausweg. Lernen wir dagegen, das Auf und Ab des Lebens als einen natürlichen Prozess anzunehmen, überstehen wir auch dunkle Zeiten besser.

Oft ist es in solchen Phasen sehr hilfreich, sein Leben oder auch das seiner Freunde Revue passieren zu lassen. Denn kein Leben verläuft ohne Tiefen, und fast immer folgt darauf auch wieder ein Aufschwung.
Gehen Sie in Ihrer Erinnerung ruhig zurück bis in Ihre Jugendzeit, und versuchen Sie nachzuspüren, wie Sie sich gefühlt haben in Ihrer ersten Verliebtheit oder Ihrem Liebeskummer. Erinnern Sie sich an Erfolge und Misserfolge während der Schulzeit, des Studiums oder Ihres Alltagslebens. Wie sind Sie damit umgegangen? Was hat Ihnen geholfen? Ist es schlimm für Sie, nicht immer gleich eine Lösung für Ihre Probleme parat zu haben? Dieses Annehmen ist sicher eine der größten Herausforderungen, doch vielleicht kann Ihnen der Rückblick helfen, mehr Geduld und Vertrauen zu entwickeln. Auch die Übung 18, schwierige Situationen als Lehrer anzunehmen, kann hilfreich sein.

Beschäftigen Sie sich in der kommenden Woche immer wieder mit diesem Thema. Holen Sie sich alle Unterstützung, die Sie brauchen, und machen Sie auch die Übung 27 »Was nährt mich?«, wenn Sie sich unsicher fühlen.

Kettet euch nicht wie Sklaven an das Schöne. Doch kettet euch auch nicht an das Leiden. Alles ist im Wandel, beides vergeht.

BUDDHA

22 Der Klang der Stille

Konzentration auf das Hören

Unsere Welt ist voller Geräusche, und oft scheinen sie uns beim Meditieren zu stören. Bei dieser Übung jedoch nutzen wir sie und hören einmal ganz bewusst hin.

Nehmen Sie eine Sitzposition Ihrer Wahl ein. Schließen Sie die Augen, und atmen Sie ganz natürlich. Nehmen Sie bewusst Kontakt zum Boden auf, der Sie trägt, und wachsen Sie aus der Wirbelsäule heraus in Richtung Himmel. **Wenn Sie zur Ruhe** gekommen sind, richten Sie Ihre Aufmerksamkeit ganz auf all die Geräusche, die Sie wahrnehmen können. Vielleicht hören Sie ein Klopfen, Stimmen, Motorengeräusche, hohe und tiefe Töne, leise und laute Geräusche? Vielleicht auch Musik, Vogelzwitschern oder eine Waschmaschine? Sind sie angenehm oder unangenehm? Nehmen Sie einfach nur wahr, was Sie hören, ohne es zu interpretieren. Wenn die Schritte Ihrer Nachbarin Sie dazu verleiten, darüber nachzudenken, was sie wohl gerade macht, führen Sie Ihre Aufmerksamkeit sanft, aber bestimmt wieder zum Hören zurück. Denken Sie nicht über die Geräusche nach, sondern achten Sie nur auf ihren Klang als solchen, seine Resonanz in Ihrem Körper: Fühlen Sie, wo Sie die unterschiedlichen Frequenzen wahrnehmen.

Nehmen Sie sich für diese Übung täglich etwa 10 Minuten Zeit. Wenn Sie eine Klangschale besitzen, können Sie sie zu Beginn und zum Abschluss der Übung erklingen lassen.

Der unruhige Geist braucht klare Führung,
Disziplin und liebevolles Verständnis.

MARIE MANNSCHATZ

23

Teil der Natur sein

Achtsamkeit in der Natur

Ein achtsamer Spaziergang in der Natur ist wie ein Eintauchen in eine Energiequelle, das uns zur Ruhe und zu uns selbst bringen und gleichzeitig für den Alltag stärken kann.

Allein spazieren gehen, innehalten auf einer Bank oder einem Felsen, in Kontakt treten mit Bäumen, Blüten oder Vögeln, einen Sonnenuntergang betrachten – wann haben Sie das zum letzten Mal gemacht?
Sie müssen nicht weit gehen und auch nicht jedes Mal woanders hin. Es kann sogar sehr schön sein, regelmäßig dieselbe Stelle aufzusuchen und so die ständigen Veränderungen in der Natur deutlicher wahrzunehmen. Suchen Sie ruhige Plätze, die Sie als kraftvoll empfinden und an denen Sie sich wohl fühlen. Auf manche Menschen üben alte, einzeln stehende Bäume eine große Anziehungskraft aus, andere fühlen sich eher zum fließenden Wasser oder zu einem Teich hingezogen. Stellen oder setzen Sie sich für eine Weile ruhig hin, spüren Sie Ihren Atem, lassen Sie die Schönheit und die Kraft der Natur auf sich wirken, und werden Sie sich bewusst, dass Sie selbst ein Teil dieser Natur sind.

Gönnen Sie sich diese Übung am besten in den nächsten beiden Wochen täglich. Beobachten Sie, von welchen Qualitäten der Natur Sie sich besonders angezogen fühlen, ob dies vielleicht wechselt und mit Ihrer eigenen Lebenssituation übereinstimmt.

Lernt die Kunst zu schauen, die Kunst, die Dinge zu betrachten, die Schönheit der Blumen, der Bäume und das Licht des Himmels zu sehen.

GODWIN SAMARARATNE

24 Wolken ziehen lassen

Belastende Gedanken loslassen

Sie sind verärgert, weil Ihr Partner anderer Meinung ist als Sie oder Ihr Vorgesetzter Sie ungerecht behandelt hat? Sie müssen ständig daran denken, und es hindert Sie daran, sich offenen Herzens und klaren Geistes mit etwas anderem zu beschäftigen? Dann ist die folgende Übung sehr hilfreich.

Begeben Sie sich in einen bequemen, aufrechten Sitz Ihrer Wahl. Genießen Sie die Stabilität, die dieser Sitz Ihnen gibt, und spüren Sie die Würde, die er Ihnen verleiht. Es gibt nichts, was Sie umwerfen könnte, und die Aufrichtung Ihres Rückens geschieht mit Leichtigkeit.

Schließen Sie die Augen, und wenden Sie sich Ihrem Atem zu. Lassen Sie es dann bewusst zu, dass die belastenden Gedanken und Gefühle erscheinen. Schauen Sie diese genau an, ohne sich in sie zu vertiefen. Stellen Sie sich vor, dass sie von einer Wolke eingehüllt werden und einfach davonschweben. Lassen Sie es zu, dass die unangenehmen Gedanken und Gefühle immer wieder in Ihrem Gewahrsein erscheinen. Wehren Sie sie nicht ab, sondern hüllen Sie sie sanft in helle Wolken ein, und lassen Sie die Wolken ziehen. Spüren Sie das Gefühl der Leichtigkeit, das sich immer mehr in Ihnen ausbreitet, und lassen Sie eine Wolke nach der anderen ziehen.

Nehmen Sie sich eine Woche lang täglich etwa 15 Minuten Zeit für diese Übung. Beginnen Sie mit kleineren Ärgernissen, bevor Sie es in schwierigeren Situationen probieren.

24

Das Leben ist ein Fluss. Wenn du es näher betrachtest, dann wirst du sehen, dass sich alles in jedem Augenblick ändert.

DRUKPA RINPOCHE

25 *Mitgefühl für das innere Kind*

Liebe und Akzeptanz erfahren

Sie können sich selbst gerade nicht leiden und bekommen auch aus Ihrer Umgebung wenig positive Resonanz? Erinnerungen an Situationen aus Ihrem Leben, in denen Sie sich wirklich geborgen und akzeptiert gefühlt haben, können in solchen Phasen sehr nährend wirken.

Setzen oder legen Sie sich bequem hin. Vielleicht möchten Sie sich beim Sitzen anlehnen, vielleicht in eine Decke kuscheln. Richten Sie sich so ein, dass Sie sich wirklich wohl fühlen. Schließen Sie dann die Augen, und atmen Sie ruhig und natürlich.

Gehen Sie in Gedanken zurück in Ihre Kindheit, und suchen Sie eine Situation mit einem Menschen, in der Sie sich ganz sicher und gut aufgehoben gefühlt haben. Eine Situation, in der Sie nichts leisten mussten, um geliebt zu werden. Vielleicht dauert es ein bisschen, bis eine solche Erinnerung in Ihnen aufsteigt, aber es gibt sie ganz gewiss. Genießen Sie es, so geliebt zu werden, spüren Sie, wie sich Ihre Muskeln entspannen und wie Sie vielleicht unwillkürlich zu lächeln beginnen. Versetzen Sie sich ganz hinein in diese wunderbare Erfahrung des Akzeptiertwerdens, und nehmen Sie dieses Gefühl mit in Ihren Alltag.

Nehmen Sie sich beim ersten Mal mindestens 15 Minuten Zeit für diese Übung, und rufen Sie sich das Bild und die dazugehörigen positiven Gefühle in den nächsten Tagen immer wieder ins Gedächtnis.

Liebe ist der Wunsch, dass alle empfindsamen Wesen sich des Glücks erfreuen und nie ganz vom Glück getrennt sein mögen.

DALAI LAMA

26 Genießen erwünscht

Mehr Genuss durch Achtsamkeit

Verbinden Sie mit spirituellen Übungen eher Askese und Verzicht? Durch die Achtsamkeitspraxis können Sie sogar eine Art von Genuss in Ihr Leben bringen, die Ihnen vorher vielleicht verborgen war.

Beim achtsamen Genießen geht es darum, sich durch Aufmerksamkeit und Entschleunigung ein intensives, sinnliches Erlebnis zu erschließen. Sie müssen sich nicht sehr viel Zeit dafür nehmen, aber ein bisschen Freiraum muss schon sein, denn unter Zeitdruck oder gar nebenher genießt es sich schlecht.

Benutzen Sie all Ihre Sinne, und wählen Sie je nach persönlicher Vorliebe oder Situation: Gönnen Sie sich ein paar reife Erdbeeren, ein besonderes Stück Schokolade oder einige leckere Nüsse. Betrachten Sie sie, fühlen Sie Ihre Konsistenz, legen Sie sich Ihr »Genussobjekt« auf die Zunge, zerdrücken oder zerbeißen Sie es langsam, und spüren Sie, wie sich der Geschmack entfaltet. Oder kaufen Sie sich eine schöne Blume, genießen Sie das Geruchserlebnis und ihren Anblick. Hören Sie ganz bewusst ein Musikstück, und spüren Sie die Resonanz der Töne in Ihrem Körper und Ihrer Seele.

Beginnen und beenden Sie diese Genusspausen ganz bewusst.

Achten Sie diese Woche darauf, dass Sie sich täglich mindestens eine Genusspause gönnen. Nicht als Belohnung für eine besondere Leistung, sondern weil Sie es wert sind.

26

Unser Handeln im Alltag bestimmt, ob wir glücklich sind oder nicht.

DALAI LAMA

27

Was nährt mich?

Die eigenen Kraftquellen kennenlernen

Der Buddha sagt, dass wir für unser Wohlergehen selbst verantwortlich sind, und in diesem Sinne ist es sehr wichtig herauszufinden, was uns gut tut und wie wir uns selbst nähren können.

Die Praxis der Achtsamkeit hilft uns sehr dabei, zu erkennen, was uns wirklich gut tut und wovon wir uns lieber fernhalten sollten. Denn das Wissen darüber, was uns nährt, ist bereits in uns. Wir müssen nur lernen, auf unsere innere Stimme zu hören.
Begeben Sie sich in eine aufrechte Sitzhaltung Ihrer Wahl, schließen Sie die Augen, und kommen Sie zur Ruhe. Bewegen Sie dann folgende Fragen in sich: Was brauchen Sie, damit Sie sich gut fühlen? Was in Ihrem Leben schwächt Sie? In welchen Situationen müssen Sie lernen, sich abzugrenzen und Nein zu sagen? Welche Erfahrungen haben Sie bisher damit gemacht, für sich selbst zu sorgen? Was hindert Sie daran, und was hilft Ihnen dabei, was brauchen Sie dazu?
Stellen Sie sich diese Fragen mit einer wohlwollenden Haltung, und lächeln Sie sich zu. Sie haben alles, was Sie brauchen, um glücklich zu sein. Überlegen Sie genau, welche konkreten Schritte Sie machen wollen, um sich zu nähren, und notieren Sie diese abschließend in Ihrem Tagebuch.

Beschäftigen Sie sich in der folgenden Woche täglich mit Ihren Aufzeichnungen, und beginnen Sie Schritt für Schritt mit der Umsetzung. Nehmen Sie sich nicht zu viel vor, denn unrealistische Ansprüche wirken demotivierend.

27

Du bist dein eigener Herr und Meister. *Deine eigene Zukunft hängt von dir selbst ab.*

BUDDHA

28 Das Herz erblühen lassen

Kleine Herzmeditation

In allen spirituellen Traditionen gibt es Meditationen, deren Ziel es ist, das Herz zu öffnen und liebevoller mit sich selbst und anderen umzugehen. Vor allem in Phasen, in denen wir uns selbst hart und streng begegnen, ist die Übung sehr gut geeignet.

Begeben Sie sich in einen aufrechten Sitz Ihrer Wahl, achten Sie darauf, dass Sie bequem sitzen und sich nicht anstrengen. Ihre Schultern sollten nicht nach vorne fallen, damit sich der Brustraum öffnen kann. Schließen Sie die Augen, und atmen Sie ganz natürlich.

Wenn Sie zur Ruhe gekommen sind, lenken Sie Ihre Aufmerksamkeit auf Ihren Herzbereich. Visualisieren Sie hier die Knospe einer schönen Blume – einer Blume, die Ihnen jetzt wirklich gefällt, die Ihre Seele berührt. Lassen Sie Ihren Atem die Knospe ganz weich umschmeicheln und wärmen, geben Sie ihr Licht und all Ihr Wohlwollen. Langsam öffnet sie sich, und die Blüte wird immer größer, bis sie Ihren ganzen Brustraum ausfüllt. Spüren Sie die Zartheit und Verletzlichkeit der Blütenblätter, aber auch die Lebenskraft, die Energie, die in dieser Blüte und Ihrem Herzen stecken. Verabschieden Sie sich nach 10 bis 15 Minuten langsam und achtsam von ihr, und nehmen Sie das Gefühl von Weite und Weichheit mit in den Alltag.

Praktizieren Sie auch diese Übung täglich, so fällt Sie Ihnen in kritischen Situationen leichter. Sie klappt dann auch im Stehen oder langsamen Gehen, wenn Ihr Oberkörper aufgerichtet ist.

Das Herz gleicht einem Garten. Es kann Mitgefühl oder Angst, Groll oder Liebe wachsen lassen. Was für Keimlinge willst du darin anpflanzen?

JACK KORNFIELD

29 Schenken bringt Freude

Großzügigkeit im Alltag üben

Oft sind wir viel zu sehr darauf fixiert, etwas haben oder von anderen etwas bekommen zu wollen. Machen Sie doch einmal die Erfahrung, wie einfach es ist, sich selbst eine Freude zu bereiten, indem Sie jemand anderem etwas schenken.

Auch und gerade wenn Sie sich selbst bedürftig fühlen: Richten Sie Ihre Aufmerksamkeit darauf, was Sie anderen zu geben haben. Das ist einfacher und wirkungsvoller, als Sie denken.
Vielleicht ist es nur ein freundlicher Gruß für den übellaunigen Busfahrer. Oder überlegen Sie bei der Arbeit: Wem täte es gut, wenn Sie ihm zuhören würden? Und wenn Ihnen das neue Kleid Ihrer Kollegin gefällt: Warum sagen Sie es ihr nicht? Wie steht es um Ihre Nachbarn, Ihre Familie? Wen wollten Sie schon länger einmal zum Tee einladen, wem eine Blume schenken oder wem sagen, dass er Ihnen wichtig ist? Machen Sie sich die wohltuende Wirkung dieser einfachen Übung ganz bewusst, indem Sie abends noch einmal nachspüren, wie Sie sich gefühlt haben, wenn Sie großzügig waren.
Tun oder sagen Sie nichts, was Ihnen unehrlich vorkommt, sondern folgen Sie dem Impuls zur Großzügigkeit und Freundlichkeit, den Sie in Ihrem Herzen spüren.

Am besten beginnen Sie jeden Tag der nächsten beiden Wochen gleich mit der Frage, für wen Sie etwas tun, wem Sie Unterstützung anbieten, wer Ihre Hilfe und Aufmerksamkeit brauchen könnte.

Sich immer wieder in Freigebigkeit zu üben – das ist ein Loslassen, das großen Segen bringt.

BUDDHA

30 Weniger ist mehr

Neinsagen zum eigenen Verlangen

Wir leben in einer Gesellschaft, die uns vorgaukelt, dass unser Glück von Konsumgütern abhängt, davon, dass wir alles haben, und davon, wie hoch unser sozialer Status ist. Auch wenn wir uns im Prinzip ein einfacheres Leben wünschen, fällt es immer wieder schwer, dem eigenen Verlangen zu widerstehen.

Je größer die innere Unzufriedenheit, das Gefühl eines Mangels in uns selbst ist, desto mehr konsumieren wir häufig. Fast jeder kennt diesen Mechanismus und weiß, dass die Befriedigung dadurch nur kurzfristiger Natur ist.
Lassen Sie nach einer kurzen Atemmeditation (siehe Übung 4) das Gefühl des Habenwollens in sich aufsteigen. Was ist es, das Ihnen Lust und Befriedigung zu versprechen scheint? Wie ist das Gefühl, es nicht zu haben, aber dieses Verlangen in sich zu spüren? Was geschieht, wenn Sie ein klares Nein dazu ausdrücken? Fühlen Sie sich unruhig, angespannt, frustriert? Wie wäre es, wenn Sie sich dafür aber Zeit für einen Spaziergang, eine Yogastunde oder auch einfach nur zum Nichtstun gönnen? Experimentieren Sie, und geben Sie Ihren Konsumimpulsen in Zukunft nicht mehr unmittelbar nach. Vielleicht gibt es ja etwas, das Sie deutlich mehr erfüllt.

Der Sinn dieser Übung besteht nicht primär im Verzicht. Wichtig ist vielmehr, dass Sie in der kommenden Woche immer wieder überprüfen, was Sie wirklich brauchen, und nicht Opfer Ihrer Konsumwünsche werden.

30

Echte Freude findet man nur im Genuss
der einfachen Dinge.

HONG YINGMING

31 Denken, träumen, bewerten

Gedanken bei der Meditation benennen

Wir sind es gewohnt, uns mit unseren Gedanken zu identifizieren. Bei der Meditation haben wir die Chance, als Beobachter des ständigen Geplappers in unserem Kopf viel über uns zu lernen.

Nehmen Sie eine Sitzposition Ihrer Wahl ein. Schließen Sie die Augen, und atmen Sie ganz natürlich. Ihre Aufmerksamkeit ist auf die Atmung gerichtet, ganz ohne Anstrengung.
Wie bei jeder Atemmeditation werden über kurz oder lang Gedanken in Ihnen auftauchen. Sobald dies geschieht, sagen Sie einfach nur innerlich »denken« und führen Ihre Aufmerksamkeit wieder zurück zur Atmung. Nach ein paar Minuten können Sie beginnen, die Gedanken genauer zu benennen, indem Sie zum Beispiel sagen »bewerten«, »planen«, »träumen«, »erinnern« oder »wünschen« – wie auch immer Ihre Gedanken sein mögen. Halten Sie die Etikettierung aber einfach, und verbringen Sie nicht zu viel Zeit damit.
Beenden Sie die Übung mit einigen tiefen Atemzügen. Der Sinn der Übung besteht darin, zu beobachten, ob es eine bestimmte Art von Gedanken gibt, denen Sie besonders häufig nachhängen. Dies ist uns meist überhaupt nicht bewusst und prägt doch unser Wohlbefinden ganz entschieden.

Nehmen Sie sich ungefähr 15 Minuten Zeit für diese Übung. Legen Sie ein kleines Heft an, oder notieren Sie in Ihrem Tagebuch, welche Art von Gedanken Sie hatten.

Wir sind, was wir denken. Alles, was wir sind, entsteht aus unseren Gedanken. Mit unseren Gedanken formen wir die Welt.

BUDDHA

32 Arbeitsmeditation

Hausarbeit als Achtsamkeitstraining

So wie buddhistische Mönche das Rechen oder Fegen der Wege als Arbeitsmeditation betreiben, können auch Sie einfache körperliche Tätigkeiten aus dem Haus- und Gartenbereich als Übungsfelder für das Achtsamkeitstraining nutzen.

Meist lassen wir unseren Gedanken freien Lauf, während wir mehr oder weniger unwillig Abwaschen, Staubsaugen, Bügeln, den Boden wischen oder das Laub zusammenfegen. Mit Achtsamkeit ausgeführt, bekommen diese Tätigkeiten einen ganz anderen Stellenwert.
Beginnen Sie Ihre Arbeitsmeditation ganz bewusst. Achten Sie auf Ihre Atmung, auch darauf, dass Ihre Körperhaltung oder Ihre Bewegungen sich prinzipiell gut anfühlen, und schenken Sie sich ein inneres Lächeln. Gehen Sie freudig an die Arbeit und nicht mit Widerwillen oder der Einstellung, dass Sie hoffentlich so bald wie möglich fertig sind. Versuchen Sie, es so zu sehen, dass es für Sie im Moment nichts Besseres zu tun gibt als genau diese Arbeit, und dass sie Ihnen dabei hilft, Ihre Achtsamkeit zu schulen. Seien Sie also ganz bei der Sache, und beenden Sie Ihre Arbeitsmeditation ebenso bewusst, wie Sie sie begonnen haben.

Machen Sie diese Übung mindestens einmal am Tag, bis die jeweilige Arbeit beendet ist. Dabei geht es neben dem Achtsamkeitstraining auch darum, unsere Bewertungen von niedriger oder anspruchsvoller Arbeit fallen zu lassen.

Die Küche zu reinigen, bedeutet, den Geist zu reinigen.

BERNARD GLASSMAN

33 Aus Enttäuschungen lernen

Eigene Erwartungen überprüfen

Jede Enttäuschung, so bitter sie im Moment auch sein mag, hält die Chance für eine Erkenntnis bereit. Denn enttäuscht sind wir nur, weil unsere Erwartungshaltung eine andere war.

Enttäuschungen gehören zum Leben, und es funktioniert auch nicht, gar nichts zu erwarten, um nicht enttäuscht werden zu können. Heilsam ist es indes, sich seiner Erwartungshaltungen bewusst zu sein und achtsam mit dem Gefühl der Ernüchterung umzugehen.

Fragen Sie sich, von welchen Menschen – nehmen Sie sich selbst bitte nicht aus – oder Situationen Sie in den letzten Tagen enttäuscht waren, was Sie geärgert oder verletzt hat. Weshalb waren Sie frustriert, wie haben Sie reagiert, und was hat das wiederum zur Folge gehabt? Bewerten Sie Ihr Verhalten nicht, sondern nehmen Sie die Position des wohlwollenden Beobachters ein. Was hatten Sie erwartet von sich oder den anderen? Haben Sie diese Erwartungen vorher mitgeteilt? Waren sie realistisch? Haben Sie zu der Enttäuschung beigetragen? Was hätten Sie anders machen können?

Wenn Sie mögen, können Sie an diese Übung eine Metta-Meditation für sich und/oder andere anschließen, um sich liebevoll zu versöhnen (siehe Übung 40 und 43).

Schauen Sie sich eine Woche lang am Ende des Tages Ihre Enttäuschungen unter diesen Gesichtspunkten genau an. So haben Sie eine Chance, Ihre Erwartungen an der Realität auszurichten.

In der Welt der Wandlungen und Veränderungen gibt es keine Vollkommenheit. Alles ist im Werden, kein Mitmensch ist perfekt.

UDANA

34 Freude, Wut, Liebe …

Gefühle bei der Meditation benennen

Bei Kindern können wir den schnellen Wechsel der Gefühle gut beobachten. Manche Erwachsene neigen dazu, ihre Gefühle entweder gar nicht wahrzunehmen oder sie festzuhalten. Bei der Meditation können wir lernen, sie fließen zu lassen, ohne uns mit ihnen zu identifizieren.

Nehmen Sie eine Sitzposition Ihrer Wahl ein. Schließen Sie die Augen, atmen Sie ganz natürlich, und richten Sie Ihre Aufmerksamkeit sanft und entspannt auf Ihre Atmung.
Wie beim Benennen der Gedanken (siehe Übung 31) beobachten Sie, welche Gedanken in Ihnen auftauchen. Versuchen Sie jetzt jedoch, zu spüren, welches Gefühl sich damit verbindet. Ist es Ärger oder Freude? Spüren Sie Angst oder Aufregung? Oder ist da eher Traurigkeit? Analysieren Sie die Gefühlsregungen nicht, und halten Sie nicht an ihnen fest. Benennen Sie sie, gehen Sie mit der Konzentration immer wieder zum Atem zurück, und beobachten Sie, ob sich die Gefühle verändern. Lassen Sie sie da sein, so wie sie sind. Es gibt keine guten oder schlechten Gefühle. Bleiben Sie also immer in der Position des Beobachters, der wohlwollend und liebevoll Ja sagt zu allem, was ist, und dabei ruhig und gelassen bleibt. Beenden Sie die Übung mit einigen bewussten, tiefen Atemzügen.

Nehmen Sie sich für diese Übung täglich etwa 15 Minuten Zeit, und notieren Sie danach in Ihrem Tagebuch, welche Gefühle da waren und wie es Ihnen mit dem Beobachten erging.

34

Unser Leben ist eine ständige Abfolge von verschiedenen Zuständen und Gefühlen. Nichts ist bleibend, nichts ist unbeweglich.

MILIDAPANA

35 Essen als Meditation

Achtsames Essen für Körper und Geist

Nichts gegen ein nettes Gespräch beim Essen. Achtsames Essen im Schweigen, wie es in vielen Meditationszentren und Klöstern praktiziert wird, kann jedoch auch im geschäftigen Alltag sehr beruhigend und bereichernd sein.

Achtsames Essen heißt, dass die ganze Konzentration beim Essen liegt. Am besten praktizieren Sie es allein oder in Gesellschaft von Menschen, die das ebenfalls schätzen. Es kommt nicht darauf an, was Sie essen, sondern dass Sie es in Ruhe und sitzend tun.

Wenn Ihre Mahlzeit vor Ihnen auf dem Tisch steht, betrachten Sie diese zunächst, bevor Sie sich einen Happen gönnen. Nehmen Sie bewusst das Besteck in die Hände, und wählen Sie etwas aus, das Sie zerschneiden, aufspießen oder auf Ihren Löffel heben wollen. Bevor Sie die Speise in den Mund schieben, riechen Sie noch kurz daran und achten dann möglichst differenziert auf den Geschmack, wenn Sie sie zerkauen oder zerdrücken. Warten Sie mit dem nächsten Bissen, bis Ihr Mund ganz leer ist. Geben Sie sich ausreichend Zeit für dieses bewusste Essen, legen Sie zwischendurch ab und an kurz Ihr Besteck neben den Teller, und spüren Sie dem Geschmack oder auch der Wirkung der Speisen nach.

Versuchen Sie, das achtsame Essen einmal täglich zu praktizieren. Selbst wenn Sie sich nebenbei doch ein wenig unterhalten, richten Sie Ihre Aufmerksamkeit immer wieder bewusst auf das Essen.

35

Die Übung der Achtsamkeit ist nichts anderes als die Übung von liebevoller Zuneigung.

THICH NHAT HANH

36 In den Schmerz hineinatmen

Mit Schmerzen umgehen (1)

Körperlichen Schmerz, egal welche Ursache er hat, empfinden wir normalerweise schlimmer, wenn wir ihm mit innerem Widerstand begegnen. Eine annehmende Haltung kann ihn hingegen in manchen Situationen lindern oder sogar auflösen.

Nicht jeder körperliche Schmerz lässt sich durch Meditation auflösen. Doch bei vielen Beschwerden, besonders bei chronischen Schmerzen, ist Meditation auf jeden Fall einen Versuch wert. **Begeben Sie sich** in eine aufrechte Sitzposition, oder legen Sie sich auf den Rücken. Schließen Sie die Augen, und richten Sie Ihre Aufmerksamkeit auf Ihren Atem. Machen Sie einen kurzen Bodyscan (siehe Übung 1), und wenden Sie sich dann der schmerzenden Stelle zu. Versuchen Sie, sie ganz neugierig und ohne Widerstand zu erkunden: Wie fühlt sich der Schmerz an? Ist er heiß oder kalt, pochend, stechend oder eher dumpf? Betrifft er nur eine Stelle oder breitet er sich diffus aus? Erforschen Sie diesen Schmerz ganz genau, und schicken Sie in Ihrer Vorstellung Ihren Atem und Ihr inneres Lächeln dort hin. Verändert sich der Schmerz? Wandert er, wird er schwächer? Nehmen Sie die Situation an, wie sie ist.

Trainieren Sie diese Übung auch dann eine Woche lang täglich, wenn Sie schmerzfrei sind, damit Sie sie bei Bedarf parat haben. Atmen Sie dazu in eine Stelle Ihres Körpers, mit der Sie sich augenblicklich nicht sehr verbunden fühlen. Versuchen Sie bei Schmerzen auch Übung 42.

36

Es gibt eine Vollkommenheit tief inmitten alles Unzulänglichen. Es gibt eine Stille tief inmitten aller Ratlosigkeit.

BUDDHA

37

Wo fühlen Sie was?

Gefühle im Körper lokalisieren

Alle unsere Gefühle drücken sich auch in unserem Körper aus, selbst wenn wir das meist nicht bewusst wahrnehmen. Die folgende Meditation hilft, diese Zusammenhänge deutlich zu spüren.

Nehmen Sie eine Sitzposition Ihrer Wahl ein. Schließen Sie Ihre Augen, und atmen Sie ganz natürlich. Ihre Aufmerksamkeit ist auf die Atmung gerichtet, ganz ohne Anstrengung.
Wie beim Benennen der Gefühle (siehe Übung 34) versuchen Sie, zu spüren, welche Gefühle gerade in Ihnen sind. Wenn Sie feststellen »da ist Unsicherheit«, spüren Sie nach, an welcher Stelle in Ihrem Körper sich dieses Gefühl besonders deutlich zeigt. Ist es in den Beinen, im Bauch oder im Rücken? Denken Sie nicht darüber nach, warum es da sein könnte, sondern vertrauen Sie Ihrem Gespür, und registrieren Sie einfach, was ist. Sobald sich ein deutliches Empfinden eingestellt hat, benennen Sie es, und kehren Sie zurück zum Atem. Es kann sein, dass Sie mehrfach zum selben Gefühl und zur selben Körperpartie zurückkehren. Genauso gut kann es sich auch verändern. Wichtig ist Ihr liebevoller, annehmender Blick auf sich selbst, der nichts bewertet. Beenden Sie die Übung mit ein paar bewussten, tiefen Atemzügen.

Nehmen Sie sich jeden Tag mindestens 15 Minuten für diese nicht ganz einfache Übung. Mit der Zeit werden Sie das Zusammenspiel von Gefühlen und Körperreaktion nicht nur in der Meditation, sondern auch im Alltag erkennen.

Achtsamkeit kommt aus einem stark entwickelten Bewusstsein für die eigenen körperlichen und verbalen Handlungen.

DALAI LAMA

38

Immer wieder neu

Den Anfängergeist pflegen

Neugierig und vorbehaltlos die Welt entdecken – das tun wir als Erwachsene viel zu selten, denn wir sind durch unser Leben und unsere Erfahrungen schon stark vorgeprägt. Machen Sie mit dieser Übung Ihren Alltag immer wieder zu Neuland.

Um Neues zu entdecken, ist es nicht notwendig, weit zu reisen. Es reicht oft, die Perspektive zu wechseln auf das, was wir bereits zu kennen glauben. Das kann der Partner, eine Freundin oder ein Kind sein. Es können aber auch Wege sein, die wir regelmäßig gehen, oder das Meeting, das jede Woche bei der Arbeit stattfindet. **Überlegen Sie sich** gleich beim Aufstehen, wen oder was Sie heute neu betrachten wollen. Ein hilfreicher Trick ist, dass Sie sich vorstellen, selbst jemand anderes sein, der zum ersten Mal in Kontakt mit diesem Menschen oder dieser Situation kommt. Schauen Sie sich genau um – mit den Augen dieses neugierigen Fremden. Was fällt Ihnen auf, was sehen, was hören, was riechen Sie? Wie fühlen Sie sich bei dieser Begegnung? Sind Sie befremdet, überrascht oder freuen Sie sich? Bewerten Sie es nicht, sondern nehmen Sie möglichst viel wahr, und lassen Sie es auf sich wirken.

Üben Sie das zwei Wochen lang täglich, und notieren Sie Ihre Entdeckungen in Ihrem Tagebuch. Ihre Welt wird bunter und vielfältiger werden, wenn Sie sich regelmäßig erlauben, die Welt so zu betrachten.

38

Wie die Schlange ihre Haut abstreift, so müssen auch wir ständig viele Vorurteile aus der Vergangenheit ablegen.

DIGHA NIKAYA

39 *Veränderungen akzeptieren*

Sich dem Fluss des Lebens anvertrauen

Im Buddhismus gilt der Widerstand gegen Veränderungen als eine der größten Quellen des Leids, sind Veränderungen doch unvermeidlich. Zu lernen, mit dem Wandel umzugehen, ist deshalb eine der wichtigsten Übungen.

Begeben Sie sich in eine aufrechte Sitzhaltung, und richten Sie Ihre Aufmerksamkeit auf Ihren Atem, ohne ihn zu beeinflussen. Stellen Sie sich nach einer kurzen Weile die Frage, in welchen Bereichen Ihres Lebens Sie derzeit mit Veränderungen konfrontiert werden. Sind es Umstrukturierungen bei der Arbeit, oder stehen bestimmte private Gewohnheiten oder Beziehungen in Frage?
Erkunden Sie die Ursachen Ihres Widerstandes genau: Oft steht hinter vordergründigem Ärger die Angst, Ihre – vermeintliche – Kontrolle über die Situation zu verlieren. Gehen Sie immer wieder zurück zu Ihrem Atem, und genießen Sie, wie er fließt, wenn Sie ihn nicht willentlich steuern oder verändern. Betrachten Sie Ihr Leben als Fluss, dem Sie sich anvertrauen, den Sie jedoch nicht kontrollieren können.
Geraten Sie aber nicht in eine passive Haltung, in der Sie Veränderungen nur erdulden. Es liegt bei Ihnen, den Wandel im Rahmen Ihrer Möglichkeiten zu gestalten. Nur verhindern können Sie ihn nicht.

Wenn Sie diese Übung täglich eine Woche lang durchführen, werden Sie merken, wie sich Ihr Verhältnis zu Veränderungen entspannt.

In dem Maße, in dem wir aufhören, gegen Ungesichertheit und Ungewissheit anzukämpfen, in dem Ausmaß löst sich unsere Furcht auf.

PEMA CHÖDRÖN

40 Liebende Güte für sich selbst

Metta-Meditation Stufe 1

Das Pali-Wort »Metta« bedeutet »Liebe«, »Herzensgüte« oder »Freundlichkeit«. Diese wichtige buddhistische Meditation fördert die Entwicklung des Mitgefühls – und zwar zunächst einmal für sich selbst. Sie ist Balsam für alle Negativität und Selbstkritik, die wir manchmal in uns tragen.

Nehmen Sie eine Sitzposition Ihrer Wahl ein. Schließen Sie die Augen, und atmen Sie ganz natürlich. Achten Sie bei dieser Übung besonders darauf, dass Sie wirklich bequem sitzen und sich nicht mit der Haltung quälen.

Sprechen Sie sich innerlich die folgenden Sätze vor: »Möge ich sicher und geborgen sein. Möge ich glücklich und zufrieden sein. Möge ich gesund und frei von Schmerzen sein. Möge ich mit Leichtigkeit mein Leben meistern.« Oder wandeln Sie diese klassischen Metta-Sätze so für sich ab, dass Sie sie annehmen können. Es mag Ihnen zunächst seltsam erscheinen, solche Dinge zu sich zu sagen. Erlauben Sie sich selbst, sich von dem Gefühl der liebenden Güte zu nähren, das Sie sich schenken. Seien Sie zu sich selbst wie eine liebende Mutter, die ihrem Kind bedingungslos alles Gute wünscht. Nehmen Sie dieses Gefühl mit in den Alltag, wenn Sie die Meditation mit ein paar bewussten, tiefen Atemzügen abschließen.

Geben Sie sich etwa 15 Minuten für diese Meditation. Vertrauen Sie darauf, dass sie ihre Wirkung entfalten wird, auch wenn Sie bei den ersten Versuchen nicht viel spüren.

40

Sei freundlich zu dir. Dann bist du auch freundlich zu anderen.

LAMA THUBTEN YESHE

41 Loslassen macht glücklich

Sich von Ballast befreien

Unsere Gesellschaft ist vom Konsum geprägt, von einem ständigen Impuls zum Haben- und Behaltenwollen. Glücklich macht uns das meist nicht, im Gegenteil: Anhaften verursacht Leid, lehrt Buddha, denn letztlich ist nichts von Dauer. Deshalb sollten wir uns immer wieder bewusst im Loslassen üben.

Wenn Sie zu den Sammlertypen gehören, wird Ihnen diese Übung vielleicht schwer fallen. Aber keine Sorge: Sie sollen sich ja nicht gleich für die »Haus- und Besitzlosigkeit« entscheiden, wie buddhistische Mönche das tun, sondern sich lediglich bewusst machen, womit Sie sich eigentlich umgeben und vielleicht sogar belasten. Das können Bücher oder Kleidungsstücke sein, aber auch alte Liebesbriefe oder Fotos.

Durchforsten Sie gründlich Ihre Wohnung, Ihren Keller, Ihren Dachboden, und fragen Sie sich dabei: Brauche ich das noch? Tut es mir gut, es um mich zu haben? Was geschieht, wenn ich es weggebe? Wahrscheinlich werden Sie Dinge entdecken, von denen Sie sich leicht trennen, aber auch andere, bei denen es Ihnen etwas schwerer fällt. Machen Sie aus dem Wegwerfen oder Verschenken ein kleines Loslass-Ritual, indem Sie jedes Ding noch einmal würdigen und sich von ihm verabschieden. Spüren Sie, ob Sie sich danach freier fühlen.

Nehmen Sie sich in den nächsten zwei Wochen täglich einen kleinen Bereich in Ihrer Wohnung vor. Überprüfen Sie, was Sie wirklich behalten möchten – und was nicht.

Lerne rechtzeitig, die Dinge um dich loszulassen.
Darin liegt der Schlüssel zu wahrer Glückseligkeit.

DIGHA NIKAYA

42 Einen guten Ort im Körper finden

Mit Schmerzen umgehen (2)

Selbst wenn wir Schmerzen haben, gibt es doch fast immer irgendwo im Körper einen Bereich, der sich wohlig anfühlt und in dem wir uns ausruhen und stärken können.

Wenn der Schmerz sich durch das Hineinatmen (siehe Übung 36) eher verstärkt, ist oft eine andere Technik sehr hilfreich, bei der man seine Aufmerksamkeit vom Schmerz weg und hin zu einem angenehmen Ort im Körper lenkt.
Sitzen oder liegen Sie bequem, und atmen Sie ruhig und tief. Gehen Sie dann in Ihrer Vorstellung langsam von unten nach oben durch Ihren Körper, und suchen Sie nach einer Stelle, die sich gut anfühlt – warm, entspannt, lebendig, kraftvoll, was immer für Qualitäten Sie jetzt brauchen. Lassen Sie sich Zeit dabei, und wenn Sie eine Stelle am Knie gefunden haben, gehen Sie Ihren Körper trotzdem noch durch bis zum Kopf, um festzustellen, ob es nicht eine andere Stelle gibt, an der Sie sich noch wohler fühlen.
Wenn Ihre Aufmerksamkeit immer wieder zu Ihrem Schmerz gezogen wird, führen Sie sie sanft, aber bestimmt zurück zu dem wohltuenden Ort in Ihrem Körper, und genießen Sie dessen heilsame Eigenschaften.

Praktizieren Sie diese Übung mindestens 15 Minuten, bei Bedarf mehrmals am Tag. Auch wenn der Schmerz nicht ganz verschwindet, entziehen Sie ihm doch die Aufmerksamkeit und schaffen durch den guten Ort ein Gegengewicht.

Die Grundhaltung der Achtsamkeitspraxis ist sanft, akzeptierend und nährend.

JON KABAT-ZINN

43 Liebende Güte für andere

Metta-Meditation Stufe 2

Wer die Metta-Meditation für sich selbst (siehe Übung 40) geübt hat, kann mit dieser Meditation einen Schritt weitergehen und sein Mitgefühl für andere Menschen und Lebewesen entwickeln und so auch den inneren Frieden in sich nähren.

Nehmen Sie eine Sitzposition Ihrer Wahl ein. Schließen Sie die Augen, und atmen Sie ganz natürlich. Achten Sie bei dieser Übung besonders darauf, dass Sie wirklich bequem sitzen. **Beginnen Sie damit,** das Gefühl der liebenden Güte für sich selbst zu entfalten, und weiten Sie es dann langsam aus: »Mögest du sicher und geborgen sein. Mögest du glücklich und zufrieden sein. Mögest du gesund und frei von Schmerzen sein. Mögest du mit Leichtigkeit dein Leben meistern.« Sprechen Sie innerlich diese oder etwas abgewandelte Sätze, und stellen Sie sich zu Beginn einen Menschen vor, der Ihnen sehr nahe steht, den Sie sehr gern haben. Gehen Sie dann in Ihrer Vorstellung weiter zu einem Menschen, dem Sie eher neutral gegenüberstehen, und entfalten Sie auch für ihn all Ihr Mitgefühl. Wählen Sie zum Schluss einen Menschen aus, den Sie nicht leiden können, und beziehen Sie auch ihn in das Gefühl der liebenden Güte ein.

Am besten schließen Sie diese Meditation direkt an die Stufe 1 an und nehmen Sie sich insgesamt etwa 20 Minuten Zeit. Versuchen Sie, das Feld Ihrer liebenden Güte immer mehr auszudehnen, aber bleiben Sie ehrlich dabei.

Großes Mitgefühl ist wie ein wunscherfüllender Edelstein. Es erfüllt die eigenen Hoffnungen und die der anderen.

SHAKBAR

44 Heilsame Kommunikation

Achtsam miteinander sprechen

In gewisser Hinsicht machen Mönche es sich leicht, wenn sie meist schweigen, denn die »rechte Rede«, wie Buddha sie genannt hat, will gelernt sein. Oft reden wir über Belanglosigkeiten und scheinbar am liebsten über andere Menschen.

Bei dieser Alltagsübung konzentrieren wir uns auf einen Aspekt unserer Kommunikation, den wir alle sehr gut kennen: das Reden über andere. In der Regel bewerten und interpretieren wir, wenn wir in Abwesenheit von anderen über sie sprechen, und gleichzeitig können wir uns selbst bestens dahinter verstecken.

Achten Sie in Ihren Gesprächen am Arbeitsplatz oder mit Freunden und Verwandten darauf, wie oft alle Beteiligten nicht von sich selbst sprechen, sondern sich lang und breit über andere unterhalten. Versuchen Sie dann, diese Struktur zu durchbrechen. Sie können das direkt tun, indem Sie ansprechen, dass Sie lieber etwas von dem Menschen, mit dem Sie gerade im Gespräch sind, erfahren oder etwas von sich selbst erzählen würden. Wenn Sie es lieber nicht thematisieren wollen, können Sie einfach indirekt das Gespräch lenken, indem Sie entsprechende Fragen stellen oder etwas von sich erzählen.

Wenn Sie diese Übung in den nächsten beiden Wochen täglich mindestens einmal praktizieren, werden Sie feststellen, dass weniger destruktive Bewertungen über andere fallen und der Dialog mit dem Gesprächspartner offener wird.

Sprechen ist eine sehr wichtige Übung, besonders im täglichen Leben. Die meisten Probleme im Leben sind auf unachtsame Worte zurückzuführen. GODWIN SAMARARATNE

45 Allein und doch verbunden

In der Einsamkeit die Verbundenheit spüren

Es gibt sie, die Einsiedler unter uns, die sich am wohlsten fühlen, wenn sie ganz mit sich allein sein können. Wenn Sie nicht so gestrickt sind, können Sie lernen, sich auch in Momenten der Einsamkeit verbunden zu fühlen.

Einsamkeitsgefühle können uns in verschiedenen Lebenssituationen einholen: Nach einem Umzug, einer Trennung, beim Reisen oder auch, wenn wir allein zu Hause sind.
Begeben Sie sich in eine bequeme Sitzposition Ihrer Wahl, kommen Sie zur Ruhe, und schauen Sie sich dann Ihr Einsamkeitsgefühl genau an. Wo in Ihrem Körper spüren Sie es am deutlichsten? Was macht es so unangenehm, und was brauchen Sie, um sich besser zu fühlen? Erinnern Sie sich dann an Situationen in Ihrem Leben, in denen Sie sich sehr verbunden gefühlt haben. Welche Menschen standen oder stehen Ihnen nahe? Machen Sie sich bewusst, dass nicht nur eine Verbindung zu den Menschen besteht, die Sie persönlich kennen. Auch mit dem Schriftsteller, dessen Buch Sie lesen, mit dem Musiker, dessen CD Sie anhören, oder mit dem Bäcker, dessen Brot Sie essen, sind Sie verbunden. Bedanken Sie sich bei all diesen Menschen. Spüren Sie dem Gefühl der Verbundenheit nach.

Nehmen Sie sich eine Woche lang 15 Minuten Zeit für diese Übung. Sie können das Verbundenheitsgefühl auch noch verstärken – durch eine Metta-Meditation für andere (siehe Übung 43).

Wir sind nicht unabhängige Einzelne, sondern voneinander abhängige Viele.

JACK KORNFIELD

46 Achtsam gehen in der Natur

Gehmeditation nach Thich Nhat Hanh

Bei dieser Gehmeditation verlassen Sie die Wohnung und begeben sich auf einen ganz besonderen Spaziergang. Denn das Gefühl von starker Verbundenheit mit der Natur und von innerem Frieden fördert diese Übung sehr.

Wählen Sie eine Spazierstrecke, die eher eben, nicht zu anstrengend und vor allem nicht zu stark frequentiert ist – gerade am Anfang werden Sie sonst zu stark abgelenkt. Gehen Sie zunächst ganz normal spazieren, und beginnen Sie nach einer Weile mit der Meditation.

Anders als bei der einfachen Zwei-Phasen-Gehmeditation (siehe Übung 16) verbinden Sie jetzt Ihre Schritte mit der Atmung. Gehen Sie zunächst ganz langsam: Schritt – gleichzeitig einatmen, Schritt – dabei ausatmen. Nach ein paar Minuten ändern Sie den Rhythmus, indem Sie jede Atemphase mit zwei Schritten verbinden, also: Schritt, Schritt – einatmen, Schritt, Schritt – ausatmen. Nehmen Sie die Natur um sich herum wahr und lächeln Sie ihr zu. Bleiben Sie immer verbunden mit Ihrem Atem und Ihren Schritten. Spüren Sie die friedliche und vitale Energie, die von der Natur ausgeht, und verbinden Sie sich mit ihr.

Gehen Sie zumindest 10 bis 15 Minuten auf diese Weise durch die Natur. Sie können auch eine Pause machen und dann wieder beginnen. Probieren Sie nach einigen Tagen aus, ob Sie den Schritt-Atem-Rhythmus noch steigern möchten, also vielleicht 3 oder 4 Schritte pro Atemphase.

46

Im Gehen meditieren heißt eigentlich das Gehen genießen – kein Gehen, um anzukommen, sondern nur um zu gehen.

THICH NHAT HANH

47 Achtsamkeitswecker

Das Telefon für die eigene Achtsamkeit nutzen

Ständig klingelt das Telefon, schon wieder kommt eine SMS – meist lassen wir uns von diesen durchaus nützlichen Geräten unnötig antreiben, gar außer Atem bringen. Wir können sie aber auch als Achtsamkeitswecker benutzen.

Das Telefon oder das Handy reißen uns gewöhnlich mitten aus einer anderen Tätigkeit heraus, was zu Stress und einem Gefühl der Fremdbestimmtheit führen kann.

Wenn Sie bisher zum Telefon hetzten, als ob es um Leben oder Tod ginge, oder den Hörer abheben, obwohl Sie in Gedanken noch ganz woanders sind, versuchen Sie es doch einmal so: Immer wenn es klingelt, halten Sie zunächst inne. Wenden Sie sich bewusst von Ihrer Tätigkeit ab, nehmen Sie zwei, drei tiefe Atemzüge, und kommen Sie kurz zur Ruhe. Wenn Sie sich in der Nähe des Telefons befinden, wird der Anrufer in dieser Zeit sicher nicht auflegen. Aber auch wenn Sie am anderen Ende des Raums sind, machen Sie so etwas wie eine kleine Gehmeditation zum Telefon und konzentrieren sich auf Ihren Atem. Heben Sie den Hörer dann bewusst ab, und lächeln Sie sich selbst sowie Ihrem Anrufer zu. Beobachten Sie, ob sich dies positiv auf Ihre Gespräche auswirkt.

Diese Übung mag anfangs schwierig sein, aber dann werden Sie die wohltuende Wirkung spüren und vielleicht dauerhaft Ihr Telefonverhalten verändern.

Ein junger Mönch fragte den Meister: Wie kann ich mich nur befreien? Der Meister antwortete: Wer hat dich nur versklavt?

AUS DER ADVAITA-LEHRE

48 Mit Wut und Zorn umgehen

Negative Emotionen bewusst wahrnehmen

Viele Menschen im Westen denken, ein guter Buddhist sei frei von Wut oder Zorn, doch das trifft nicht zu. Frei ist er indes in der Entscheidung, wie er mit diesen Emotionen umgeht.

Neigen Sie eher dazu, Wut und Zorn zu unterdrücken, oder lassen Sie sich überwältigen von diesen Emotionen? Während das eine oft zu inneren Verspannungen führt, bringt das andere meist eine Menge Ärger mit sich. Es gibt aber noch eine andere Möglichkeit.

Begeben Sie sich in einen aufrechten Sitz, schließen Sie die Augen, spüren Sie Ihren Atem und den Kontakt mit dem Boden. Lassen Sie aus Ihrer Erinnerung eine Situation auftauchen, in der Sie sehr wütend waren. Wie hat sich das angefühlt? Wo in Ihrem Körper hat sich die Wut manifestiert? Welche Gefühle und Gedanken waren damit verbunden? Erlauben Sie es sich, die ganze Wucht dieser Emotion zu spüren, ohne sie zu beurteilen. Nehmen Sie Ihren inneren Impuls wahr, die Wut zu unterdrücken oder auszuleben, und entscheiden Sie sich dann bewusst dafür, weder das eine noch das andere zu tun. Beobachten Sie einfach, wie die Wut langsam ihre Kraft verliert, wenn Sie ihr keine weitere Energie geben.

Wenn Sie diese Übung eine Woche lang täglich praktizieren, bekommen Sie ein Gefühl für diesen anderen Umgang mit negativen Emotionen und werden mit der Zeit auch in akuten Alltagssituationen anders reagieren.

Unterdrücke den Zorn nicht. Aber gib ihm nicht nach.

CHÖGYAM TRUNGPA

49 Om mani padme hum

Mantra-Meditation »Heil dem Juwel im Lotus«

Eine spezielle Art des Meditierens ist die mit einem Mantra. Dabei fokussieren wir den Geist auf das Wiederholen bestimmter Silben oder Worte und verbinden uns gleichzeitig mit einer alten Tradition, in diesem Fall mit dem tibetischen Buddhismus.

Begeben Sie sich in eine Sitzposition Ihrer Wahl, und schließen Sie die Augen. Nehmen Sie wahr, wie Sie sitzen, spüren Sie in Ihren Körper hinein, und atmen Sie ruhig und natürlich. **Nehmen Sie ganz bewusst** einen tiefen Atemzug, und singen oder tönen Sie »Om Mani Padme Hum« oder auch einfach nur »Om«. Variieren Sie die Tonhöhe, und spüren Sie die Vibrationen, die in Ihrem Körper durch die verschiedenen Vokale und Konsonanten erzeugt werden. Wo klingt das »O« in Ihrem Körper, wo das »A« und das »M«? Wie ändert sich das durch die Tonhöhe und durch die Öffnung oder Bewegung Ihres Mundes? Werden Sie ganz zum Klang, indem Sie diese alten rituellen Silben stetig wiederholen. Versuchen Sie, das »Om Mani Padme Hum« immer langsamer zu intonieren, sodass Sie ruhiger werden. Beginnen Sie relativ laut, und werden Sie im Laufe der Meditation immer leiser, sodass Sie zum Schluss das Mantra nur noch innerlich spüren.

Nehmen Sie sich 10–15 Minuten Zeit für diese Meditation. Auch wenn Sie sich zu Beginn seltsam dabei vorkommen, werden Sie die beruhigende und stärkende Wirkung wahrscheinlich bald spüren.

In der Meditation begegnen wir dem göttlichen Urgrund, wir kommen der Mitte des Lebens ein Stück näher.

BUDDHA

50 Wartezeiten nutzen

Achtsamkeit in der Warteschlange

Das Schöne am Achtsamkeitstraining im Alltag ist, dass man auch scheinbar unangenehme Situationen positiv erleben kann, indem man sie als Übungsfeld benutzt.

Gehetzt wie viele von uns sind, ärgert sich mancher maßlos über Wartesituationen. Doch egal ob Sie beim Arzt im Wartezimmer sitzen, in der Warteschlange an der Kasse oder mit dem Auto im Stau stehen – all dies sind Gelegenheiten für kleine Achtsamkeitsübungen.

Wenn Sie sich in einer solchen Situation befinden, ärgern Sie sich nicht darüber, dass Sie Zeit verlieren, sondern nutzen Sie die Zeit. Gehen Sie mit Ihrer Aufmerksamkeit in Ihre Füße, und nehmen Sie bewusst Bodenkontakt auf, um sich zu erden. Sollten Sie stehen, dann achten Sie auch darauf, dass Ihre Knie nicht durchgedrückt sind. Bringen Sie die Wirbelsäule in eine sanfte Aufrichtung, indem Sie sich vorstellen, dass Sie am höchsten Punkt Ihres Kopfes wie eine Marionette nach oben gezogen werden, und lassen Sie Ihr Gewicht gleichzeitig bewusst Richtung Boden sinken. Richten Sie Ihre Aufmerksamkeit dann auf die Atmung, ohne diese verändern zu wollen, und schenken Sie sich selbst ein inneres Lächeln – Sie werden sich bald besser fühlen!

Bei dieser kleinen Übung lernen Sie, gelassen und konstruktiv mit Situationen umzugehen, die Sie nicht ändern können – eine hohe Kunst! Freuen Sie sich also auf die nächste Warteschlange.

Wichtig ist es, zu erkennen, dass ich selbst Einfluss habe auf die Realität, die ich erfahre.

TARAB TULKU RINPOCHE

51 *Vergänglichkeit akzeptieren*

Werden und Vergehen bewusst erleben

Um das Thema Vergänglichkeit machen wir meist einen großen Bogen, aber es gehört unausweichlich zum Leben. Auch wenn es je nach Lebenssituation eine andere Dringlichkeit hat, ist es doch immer sinnvoll, sich damit auseinanderzusetzen.

Ein guter Ort, um sich mit dem Prozess des Werdens und Vergehens zu beschäftigen, ist die Natur. Sie können aber auch in Fotoalben sich und Ihre Familie in verschiedenen Altersstufen betrachten oder etwas anderes tun, das Ihnen passender erscheint, etwa einen Friedhof besuchen. Nehmen Sie sich danach Zeit für eine Meditation. **Machen Sie** eine kurze Atemmeditation (siehe Übung 4), bevor Sie sich gedanklich der Vergänglichkeit zuwenden. Was haben Sie dabei erfahren? Wie erleben Sie Vergänglichkeit in Ihrem Alltag? Ängstigt Sie der Gedanke daran? Lassen Sie alle Gefühle und Gedanken zu, ohne sie zu bewerten. Welche Konsequenzen ergeben sich daraus? Hilft Ihnen die Beschäftigung mit Vergänglichkeit vielleicht dabei, sich mehr auf das zu konzentrieren, was Ihnen wichtig ist, und jeden Moment des Lebens noch mehr zu schätzen? Gehen Sie bei diesem Thema sehr achtsam mit sich um, und überfordern Sie sich nicht.

Nehmen Sie sich täglich für diese Übung 20 Minuten Zeit, und beschäftigen Sie sich auf unterschiedliche Weise mit dem Thema Vergänglichkeit, vielleicht gehen Sie dabei täglich ein wenig mehr in die Tiefe Ihrer eigenen Erfahrungen.

Wenn das Wissen um die Vergänglichkeit in die Waagschale geworfen wird, verliert das Begehren seine Macht.

MARIE MANNSCHATZ

52 Einfach nur da sein

Meditation ohne Konzentrationsobjekt

Zu meditieren, ohne sich auf ein Objekt zu konzentrieren, ist sicher eine der anspruchsvollsten Formen von Meditation. Es kann jedoch ein wunderbares Gefühl der Weite und Freiheit vermitteln.

Begeben Sie sich in eine Sitzposition Ihrer Wahl, und schließen Sie die Augen. Nehmen Sie wahr, wie Sie sitzen, spüren Sie in Ihren Körper hinein, atmen Sie ruhig und natürlich.

Nehmen Sie nun so viel wie möglich wahr, ohne bei irgendetwas länger zu verweilen. Sie hören die Stimmen der Kinder auf dem Hof, fühlen das Heben und Senken der Bauchdecke, beobachten wie Gedanken oder Gefühle kommen und gehen. Alles fließt, und alle Ihre Sinnesorgane sind so wach wie nur irgend möglich, ohne etwas zu wollen oder zu bewerten. Immer wenn Ihre Aufmerksamkeit an einer Sache hängen bleiben möchte, versuchen Sie, in sich ein Gefühl der Weite herzustellen, in dem alles Platz hat, durch das alles hindurch fließen kann. Es gibt nichts zu tun. Strengen Sie sich nicht an, sondern lassen Sie einfach alles los und spüren Sie, wie sich die Grenzen zwischen Ihnen und dem Außen aufzulösen beginnen. Beenden Sie die Übung mit einigen tiefen Atemzügen.

Seien Sie nicht frustriert, wenn Ihnen diese Meditation am Anfang schwer fällt. Probieren Sie einfach immer wieder, diese freie Form für ein paar Minuten in eine Atemmeditation zu integrieren.

Dem sind keine Grenzen gesetzt, der sie nicht hinnimmt.

ZEN-WEISHEIT

Meditationen

Achtsamkeit im Alltag

Umgang mit Gefühlen

Bücher und Adressen, die weiterhelfen

Allmen, Fred von: **Die Freiheit entdecken: Grundlagen buddhistischer Einsichtsmeditation für den Westen.** Arbor

Chödrön, Pema: **Geh an Orte, die du fürchtest.** Arbor

Dalai Lama: **So einfach ist Glück.** Herder

Engels, Sybille, Eßwein, Jan: **Meditation für Neugierige und Ungeduldige.** Gräfe und Unzer

Samararatne, Godwin: **Lebendig durch Achtsamkeit.** Kamphausen

Kabat-Zinn, Jon: **Zur Besinnung kommen.** Arbor

Khema, Ayya: **Was du suchst, ist in deinem Herzen. Der Weg zur inneren Klarheit.** Herder

Kornfield, Jack: **Frag den Buddha und geh den Weg des Herzens.** Kösel

Mannschatz, Marie: **Buddhas Anleitung zum Glücklichsein.** Gräfe und Unzer

dies.: Meditation – **Mehr innere Ruhe und Klarheit.** Gräfe und Unzer

Thich Nhat Hanh: **Jeden Augenblick genießen – Übungen zur Achtsamkeit.** Theseus

Wetzel, Sylvia: **Leichter leben – Praktische Meditationen zum Umgang mit Gefühlen.** Herder

Internetadressen

www.dharma.de, www.buddhismus.de

Dank

Für die freundliche Abdruckgenehmigung von Zitaten aus ihren Büchern (siehe links) danke ich dem Arbor Verlag, Freiburg, www.arbor-verlag.de, (Fred von Allmen, Pema Chödrön, Jon Kabat-Zinn) und dem Kösel Verlag, München (Jack Kornfield).
Außerdem möchte ich meine Verbundenheit ausdrücken und mich bedanken bei folgenden buddhistischen Lehrern, die meinen eigenen Weg durch Retreats, Kurse, Vorträge, Gespräche oder Bücher besonders geprägt haben: Jan Eßwein, Jon Kabat-Zinn, Ayya Khema, Jack Kornfield, Marie Mannschatz, Thich Nhat Hanh, Godwin Samararatne, Steve und Rosemary Weissman, Sylvia Wetzel.

Wichtiger Hinweis

Die Gedanken und Anregungen in diesem Buch stellen die Meinung bzw. Erfahrung der Verfasserin dar. Weder Autorin noch Verlag können für eventuelle Schäden, die aus den im Buch gegebenen Hinweisen resultieren, eine Haftung übernehmen.

Impressum

Projektleitung: Anja Schmidt
Lektorat: Ulrike Schöber, Dortmund
Layout: independent Medien-Design, Horst Moser
Illustrationen: Nike Schenkl
Herstellung: Susanne Mühldorfer
Satz: Ludger Vorfeld
Lithos: Longo AG, Bozen
Printed in China

ISBN 978-3-8338-1274-3

5. Auflage 2010

Bildnachweis

Blickwinkel: Bild Nr. 38; Mauritius: Bild Nr. 6, 33, 49; Getty: Cover-Foto, Bild Nr. 2, 3, 7, 10, 14, 16-19, 25, 26, 31, 34, 36, 39, 41, 44, 45, 50, 52; Jupiter Images: Bild Nr. 1, 4, 8, 9, 11-13, 15, 20, 21, 27-29, 40, 47, 48, 51; Plainpicture: Bild Nr. 22, 24, 42; Corbis: Bild Nr. 5, 23, 30, 35, 37, 43, 46

Die GU-Homepage finden Sie unter **www.gu.de**

GRÄFE UND UNZER

Ein Unternehmen der
GANSKE VERLAGSGRUPPE

Unsere Garantie

Alle Informationen in diesem Ratgeber sind sorgfältig und gewissenhaft geprüft. Sollte dennoch einmal ein Fehler enthalten sein, schicken Sie uns das Produkt mit dem entsprechenden Hinweis an unseren Leserservice zurück. Wir tauschen Ihnen den GU-Ratgeber gegen einen anderen zum gleichen oder ähnlichen Thema um.

Liebe Leserin und lieber Leser,

wir freuen uns, dass Sie sich für ein GU-Produkt entschieden haben. Mit Ihrem Kauf setzen Sie auf die Qualität, Kompetenz und Aktualität unserer Ratgeber. Dafür sagen wir Danke! Wir wollen als führender Ratgeberverlag noch besser werden. Daher ist uns Ihre Meinung wichtig. Bitte senden Sie uns Ihre Anregungen, Ihre Kritik oder Ihr Lob zu unseren Büchern. Haben Sie Fragen oder benötigen Sie weiteren Rat zum Thema? Wir freuen uns auf Ihre Nachricht!

Wir sind für Sie da!
Montag – Donnerstag: 8.00 – 18.00 Uhr;
Freitag: 8.00 – 16.00 Uhr

Tel.: 0180-5 00 50 54*
Fax: 0180-5 01 20 54*
*(0,14 €/Min. aus dem deutschen Festnetz/ Mobilfunkpreise maximal 0,42 €/Min.)
E-Mail: leserservice@graefe-und-unzer.de

P.S.: Wollen Sie noch mehr Aktuelles von GU wissen, dann abonnieren Sie doch unseren kostenlosen GU-Online-Newsletter und/oder unsere kostenlosen Kundenmagazine.

GRÄFE UND UNZER VERLAG
Leserservice | Postfach 86 03 13 | 81630 München